당신의 삶이 ———————
왜 쉬워야 한다고 생각하십니까

당신의 삶이 ____
왜 쉬워야 한다고 생각하십니까

버 티 지 않 아 도 삶 은 이 어 진 다

최한결 지음

N 넥스웍

왜 이렇게까지 애써야 할까요

어느 순간부터 삶이 버거워졌습니다.

특별히 큰 불행이 있는 것도 아니고,

남들보다 덜 가진 것도 아닌데

이상하게 하루를 살아내는 일이 쉽지 않았습니다.

해야 할 일은 끝이 없고,

잘 해내고 있다는 확신은 없으며,

조금만 쉬면 뒤처지는 것 같은 불안이 따라왔습니다.

우리는 너무 자연스럽게 이렇게 살아왔습니다.

더 잘해야 하고,

더 버텨야 하고,

조금이라도 느슨해지면 안 된다고 믿으면서 말입니다.

그래서 묻지 않았습니다.

정말 이렇게까지 애써야 하는 걸까.

삶은 원래 이렇게 어려운 것일까.

이 책은 그 질문에서 시작되었습니다.

살아 보니, 삶을 힘들게 만드는 것은

대부분 환경이나 조건이 아니라

삶을 대하는 태도였습니다.

모든 걸 책임지려는 태도,

항상 괜찮아야 한다는 생각,

남들과 비교하며 스스로를 증명하려는 습관,

버티는 것이 미덕이라고 믿는 기준들.

이 태도들이 하나둘 쌓이면서

삶은 점점 무거워졌습니다.

이 책은 더 열심히 사는 법을 알려주지 않습니다.

더 강해지는 법도, 더 성공하는 전략도 말하지 않습니다.

대신 이런 이야기를 합니다.

덜 애써도 괜찮다는 것

내려놓아도 무너지지 않는다는 것

지금의 나로도 충분히 살아갈 수 있다는 것

삶을 쉽게 살자는 말이 아닙니다.

삶을 덜 어렵게 살자는 이야기입니다.

이 책을 읽으며

당신이 당장 바뀌지 않아도 괜찮습니다.

다만 삶을 바라보는 시선 하나쯤,

스스로를 대하는 말 한마디쯤

조금 부드러워진다면 그것으로 충분합니다.

혹시 지금

'나는 왜 이렇게 힘들까.'라는 생각을 자주 하고 있다면,

이 책은 당신을 위한 책일지도 모릅니다.

이제,

조금 쉬워져도 괜찮다는 이야기부터

천천히 시작해 보겠습니다.

최한결

목차

4부
삶을 가볍게 만드는 실천

우리는 왜 이렇게 힘들게 살아왔을까

살다 보면 문득 이런 생각이 듭니다.

왜 이렇게까지 애쓰며 살아야 할까.

누가 시킨 것도 아닌데

우리는 스스로에게 늘 높은 기준을 들이댑니다.

잘해야 하고, 흔들리면 안 되고,

힘들어도 티 내지 말아야 한다고 믿어왔습니다.

그 기준은 처음에는 삶을 지켜주는 것처럼 보였습니다.

하지만 시간이 지나면서

그 기준은 우리를 옥죄는 규칙이 되었습니다.

이 1부에서는

삶이 왜 이렇게 무거워졌는지를 하나씩 짚어봅니다.

환경이나 운의 문제가 아니라

우리가 무의식적으로 선택해 온

태도와 기준에 대한 이야기입니다.

비교, 인정받고 싶은 욕구,

버티는 것이 미덕이라고 믿어온 삶,

괜찮은 척하며 살아온 습관들.

이 장들을 읽으며

스스로를 탓할 필요는 없습니다.

그저 "아, 내가 이런 방식으로 살아왔구나"

알아차리는 것만으로 충분합니다.

삶을 바꾸기 전에

삶을 이해하는 것부터 시작해 보려 합니다.

1부

우리는
왜 이렇게
힘들게 사는가

1장

삶이 힘든 이유는 따로 있다

사람들은 흔히 삶이 힘든 이유를 환경에서 찾는다. 일이 많아서, 사람이 어려워서, 돈이 부족해서, 운이 없어서라고 말한다. 물론 이런 이유가 전혀 영향을 주지 않는 것은 아니다. 하지만 같은 환경에서도 어떤 사람은 무너지지 않고, 어떤 사람은 쉽게 지쳐버린다. 이 차이는 단순한 성격 차이나 능력의 문제가 아니다.

삶을 무겁게 만드는 진짜 원인은 대부분 상황 그 자체가 아니라, 그 상황을 받아들이는 태도에 있다. 힘든 일이 생길 때마다 '왜 나에게만 이런 일이 생길까.'라는 질문부터 던진다. 이 질문은 순간적으로는 위로가 될 수 있다. 하지만 반복될수록 스스로를 무력한 존재로 만들고, 결국 삶의 주도권을 상황에 넘겨주게 된다.

문제는 고통이 존재한다는 사실이 아니라, 그 고통을 해석하는 방식이다. 같은 실패를 겪고도 어떤 사람은 그것을 하나의 과정으로 받아들이고, 어떤 사람은 인생 전체가 틀렸다는 증거로 받아들인다. 전자는 다시 일어날 힘을 얻고, 후자는 스스로를 의심하며 멈춰 선다. 이 작은 해석의 차이가 시간이 쌓이면서 인생의 무게를 완전히 다르게 만든다.

우리는 흔히 '잘살기 위해' 애쓴다고 말한다. 하지만 그 애씀 속을 들여다보면, 불필요한 긴장과 과도한 책임감이 함께 들어 있다. 모든 선택을 완벽하게 해야 한다는 생각, 실수하면 안 된다는 강박, 남들보다 뒤처지면 안 된다는 불안이 삶을 끊임없이 압박한다. 이런 압박은 성취를 만들어내기보다, 삶을 먼저 소진시킨다.

삶이 힘들다고 느껴질수록 우리는 더 애쓰고, 더 조

급해진다. 하지만 삶은 애쓴다고 가벼워지지 않는다. 오히려 내려놓아야 할 것들을 내려놓지 못할 때 더 무거워진다. 모든 것을 통제하려는 태도, 모든 결과를 책임지려는 마음은 결국 자신을 지치게 만든다.

삶이 버겁게 느껴지는 순간, 상황을 바꾸려 애쓰기 전에 먼저 자신에게 물어야 한다. 나는 지금 이 삶을 어떤 태도로 대하고 있는가. 꼭 그렇게까지 애써야 하는 일인가. 내려놓아도 괜찮은 것까지 붙잡고 있지는 않은가.

삶은 원래 쉽지 않다. 하지만 불필요하게 어렵게 만들 필요도 없다. 태도를 바꾸는 순간, 삶의 무게는 조금씩 달라지기 시작한다.

2장

문제는 늘 밖에 있다고 믿는 착각

사람은 힘든 상황에 놓이면 자연스럽게 원인을 밖에서 찾는다. 일이 많아서, 상사가 이상해서, 가족이 이해해 주지 않아서, 세상이 공평하지 않아서라고 말한다. 이런 설명은 틀린 말은 아니다. 실제로 삶에는 내가 통제할 수 없는 요소들이 많다. 문제는 이 설명에 오래 머무를 때 시작된다.

원인을 밖에서만 찾는 순간, 우리는 스스로를 아무 것도 바꿀 수 없는 존재로 규정하게 된다. 상황이 나아지기만을 기다리게 되고, 누군가가 나를 이해해 주기를 바라며 시간을 보낸다. 하지만 삶은 기다려 준 적이 없다. 상황이 바뀌기를 기다리는 동안, 삶은 그대로 흘러가 버린다.

물론 모든 문제의 원인이 나에게 있다는 말은 아니다. 그렇다고 모든 책임을 세상에 돌리는 것도 해결이 아니다. 문제는 '어디에서 시작할 수 있는가'다. 바꿀 수 없는 것에 집중할수록 삶은 답답해지고, 바꿀 수 있는 것을 보지 못하게 된다.

우리는 종종 이렇게 말한다.

"환경만 조금 달라지면 괜찮아질 텐데."

하지만 환경이 바뀌어도 같은 고민을 반복하는 경우가 많다. 직장을 옮겨도 비슷한 불만이 생기고, 관계를 끊어도 또 다른 갈등이 나타난다. 이는 문제가 환경에만 있지 않다는 신호다. 삶을 대하는 기본적인 시선이 바뀌지 않으면, 문제의 얼굴만 달라질 뿐 본질은 그대로 남는다.

문제를 밖에 두면 잠시 마음은 편해질 수 있다. 하

지만 동시에 삶의 주도권도 함께 밖으로 나가버린다. 반대로, 문제의 일부라도 자신에게서 찾기 시작하면 부담은 커지지만 선택권도 생긴다. 선택권이 생긴다는 것은, 지금보다 조금이라도 다른 삶을 만들어갈 수 있다는 뜻이다.

삶을 가볍게 만들고 싶다면, 문제를 모두 해결하려 들 필요는 없다. 다만 한 가지만은 분명히 해야 한다. 무엇을 바꿀 수 있고, 무엇을 받아들여야 하는지 구분하는 일이다. 이 구분이 생기는 순간, 삶은 더 이상 막막한 덩어리가 아니라 다뤄볼 수 있는 구조가 된다. 문제는 늘 밖에 있지 않다. 그리고 그 사실을 인정하는 순간, 삶은 조금씩 다시 내 손으로 돌아온다.

3장

비교는 삶을 가장 빨리 망치는 습관

비교는 생각보다 조용하게 시작된다. 누군가의 성과를 보고 잠시 부러워하는 마음, 남들보다 뒤처진 것 같나는 느낌, 나만 제자리에 머물러 있는 것 같다는 불안. 이런 감정들은 일상 속에서 자연스럽게 스며든다. 문제는 이 비교가 습관이 될 때다. 비교가 반복되면 삶 전체를 바라보는 기준이 조금씩 왜곡되기 시작한다.

비교의 가장 큰 문제는 기준이 끊임없이 바뀐다는 데 있다. 어제는 그 정도면 괜찮다고 느꼈던 삶이, 오늘은 누군가의 이야기를 듣는 순간 초라해진다. 남의 속도와 나의 속도를 같은 선에 올려놓는 순간, 삶은 언제나 부족한 상태로 느껴진다. 이때부터 삶은 즐기는 대상이 아니라 평가받는 대상이 된다.

사람들은 흔히 비교가 동기부여가 된다고 말한다. 하지만 대부분의 비교는 동기보다 자책을 먼저 낳는다. 누군가는 이미 앞서 있는데 나는 아직 이 자리라는 생각, 나는 왜 저만큼 하지 못했을까 하는 질문이 마음을 갉아먹는다. 이렇게 생긴 자책은 행동을 촉진하기보다 오히려 발목을 잡는다. 시작하기도 전에 스스로를 지치게 만들기 때문이다.

비교는 또 하나의 착각을 만들어낸다. 다른 사람의 결과만 보고 그 과정까지 모두 안다고 믿는 착각이다. 우리는 타인의 인생에서 가장 잘 보이는 장면만을 보고 판단한다. 그 뒤에 있었던 불안, 실패, 포기, 우회로는 쉽게 잊어버린다. 결과만 비교하는 삶은 언제나 불공평하게 느껴질 수밖에 없다.

비교가 습관이 되면 삶의 방향도 흐려진다. 내가 무

엇을 원하는지보다, 남들이 무엇을 가지고 있는지가 더 중요해진다. 그러다 보면 어느 순간부터는 내 삶을 살고 있는지, 남의 인생을 따라가고 있는지 구분이 되지 않는다. 비교는 나를 발전시키는 것이 아니라, 나를 타인의 기준에 맞추게 만든다.

삶을 가볍게 만들고 싶다면 비교의 대상을 바꾸어야 한다. 다른 사람이 아니라 어제의 나와 오늘의 나를 비교하는 것이다. 조금 더 단단해졌는지, 덜 흔들리는 사람이 되었는지, 불필요한 욕심을 하나쯤 내려놓았는지를 살펴보는 비교는 삶을 소모시키지 않는다. 비교는 선택이다. 그리고 그 선택을 바꾸는 순간, 삶은 다시 내 속도로 흘러가기 시작한다.

4장

잘살고 싶은 마음이
오히려 삶을 무겁게 한다

잘살고 싶다는 마음은 누구에게나 있다. 더 안정적인 삶, 더 인정받는 위치, 더 나은 선택을 하고 싶다는 욕구는 자연스럽다. 문제는 이 마음이 점점 강박으로 변할 때다. 잘살고 싶다는 생각이 어느 순간부터는 '지금의 나는 충분하지 않다.'는 신호가 되어 스스로를 압박하기 시작한다.

우리는 잘살기 위해 끊임없이 기준을 세운다. 이 정도는 해야 하고, 이 나이에는 이만큼은 이루어야 하며, 남들보다 뒤처지지 않아야 한다고 스스로에게 요구한다. 이런 기준은 처음에는 방향을 잡아주는 듯 보이지만, 시간이 지날수록 삶을 평가하는 잣대가 된다. 기준에 미치지 못하는 순간, 삶 전체가 실패처럼 느껴진다.

잘살고 싶은 마음은 종종 현재를 무시하게 만든다. 지금 하고 있는 노력, 이미 지나온 과정은 보이지 않고, 아직 오지 않은 미래만을 붙잡는다. 그러다 보면 하루하루가 늘 부족한 상태로 끝난다. 아무리 애써도 만족이 없는 삶이 되는 이유다.

또한 이 마음은 비교와 결합되기 쉽다. 다른 사람의 삶이 더 잘사는 것처럼 보이는 순간, 나의 선택은 흔들린다. 내가 원해서 선택한 길이 아니라, 뒤처지지 않기 위해 선택한 길이 되기 때문이다. 그렇게 선택한 삶은 시간이 갈수록 무거워진다. 스스로 원하지 않았던 길에서는 작은 성취도 쉽게 기쁨이 되지 않는다.

잘살고 싶다는 욕망이 강할수록 실수와 실패를 견디기 어려워진다. 실패는 곧 잘살지 못하고 있다는 증거처럼 느껴지기 때문이다. 그래서 사람들은 도전하기보다 안전한 선택만을 반복한다. 하지만 안전만을 선택한 삶은 성장도 함께 멈춘다. 잘살기 위해 피한 실패가, 결국 삶을 정체시키는 원인이 된다.

삶을 가볍게 만들고 싶다면, 잘살아야 한다는 생각에서 한 걸음 물러설 필요가 있다. 잘사는 삶은 남들이 정한 기준을 채우는 것이 아니라, 내가 감당할 수 있는 속도로 사는 것이다. 오늘 하루를 무사히 넘겼다면, 그 자체로 충분한 날일 수 있다. 잘살고 싶은 마음을 내려놓을수록, 삶은 오히려 더 단단하고 안정적인 방향으로 흐르기 시작한다.

5장

열심히 살았는데도 허무한 이유

많은 사람들이 스스로에게 이렇게 묻는다. 이렇게까지 열심히 살았는데 왜 마음은 비어 있는 것 같을까. 분명 쉬지 않고 달려왔고, 남들보다 게으르지 않았으며, 해야 할 일도 대부분 해냈다. 그런데 어느 순간 문득, 무엇을 위해 이렇게 살아왔는지 알 수 없다는 생각이 든다. 이 허무함은 노력 부족에서 생기는 감정이 아니다.

허무함의 원인은 대개 '방향 없는 성실함'에 있다. 우리는 열심히 사는 법은 배웠지만, 왜 살아야 하는지는 깊이 고민하지 않은 채 앞으로만 나아간다. 주어진 역할을 충실히 해내고, 기대에 어긋나지 않으려 애쓰다 보면 어느새 삶은 선택이 아니라 의무처럼 느껴진다. 의무를 다한 뒤에 남는 감정은 성취보다 공허함에 가깝다.

열심히 산다는 말 속에는 종종 자신을 밀어붙이는 태도가 숨어 있다. 쉬지 않는 것이 미덕이 되고, 멈추는 것은 패배처럼 여겨진다. 그러다 보니 몸은 움직이고 있지만 마음은 점점 뒤처진다. 마음이 따라오지 못한 성실함은 결국 삶을 소진시키는 방식이 된다.

또 하나의 이유는 외부 기준에 맞춘 노력이다. 우리는 사회가 요구하는 모습, 타인이 기대하는 역할에 맞춰 성실해지기를 선택한다. 그 기준을 충족했을 때 칭찬을 받지만, 그 칭찬은 오래 남지 않는다. 외부의 기준은 항상 더 높은 다음 단계를 요구하기 때문이다. 아무리 노력해도 만족이 사라지지 않는 이유다.

허무함은 삶이 잘못됐다는 신호가 아니라, 삶을 다시 점검하라는 신호일 수 있다. 내가 지금 쏟고 있는 이 에너지가 정말 내가 원한 방향인지, 혹은 그저 멈추지 않기 위해 달리고 있는 건 아닌지 돌아볼 필요가 있다. 열심히 사는 것보다 중요한 것은, 무엇을 위해 애쓰고 있는지를 아는 일이다.

삶을 가볍게 만들고 싶다면, 가끔은 성실함의 속도를 늦추어야 한다. 더 노력하기보다, 덜 해도 되는 것을 찾아보는 용기가 필요하다. 방향이 분명해지는 순간, 같은 노력이 전혀 다른 의미를 갖게 된다. 허무함은 사라지지 않더라도, 삶을 다시 선택하고 있다는 감각은 분명히 되돌아온다.

6장

기대가 많을수록 실망도 커진다

기대는 희망처럼 보이지만, 때로는 가장 날카로운 칼이 된다. 우리는 사람에게, 관계에, 미래에 크고 작은 기대를 품는다. 이렇게 하면 알아주겠지, 이 정도면 달라질 거야, 이제는 괜찮아질 거라는 생각으로 마음을 건다. 기대가 없으면 삶이 너무 건조해질 것 같아서, 우리는 자연스럽게 기대를 붙잡는다.

하지만 기대가 커질수록 실망도 함께 자란다. 문제는 기대가 어긋났을 때 벌어지는 일이다. 실망은 단순히 마음이 상하는 감정이 아니라, 관계 전체를 왜곡시키는 힘을 가진다. 기대했던 만큼 돌아오지 않았다는 생각은 상대를 평가하게 만들고, 결국 원망으로 이어진다. 처음에는 작은 서운함이었지만, 시간이 지나면 관계를 흔드는 감정으로 바뀐다.

우리는 종종 이렇게 말한다.

"기대하지 않았으면 상처받지 않았을 텐데."

하지만 기대를 완전히 없애는 것은 현실적이지 않다. 중요한 것은 기대의 방향이다. 상대가 나의 마음을 알아주기를 바라는 기대, 상황이 내 뜻대로 흘러가기를 바라는 기대는 대부분 통제할 수 없는 영역에 속한다. 통제할 수 없는 것에 기대를 걸수록, 삶은 불안정해진다.

기대가 많은 사람일수록 스스로 지치기 쉽다. 늘 마음속으로 결과를 그려보고, 그 결과가 어긋나지 않기를 바라며 하루를 보낸다. 그러다 기대가 무너지는 순간, 그동안 쌓아온 감정이 한꺼번에 쏟아진다. 실망이 큰 이유는 기대가 컸기 때문이다. 상황이 특별히 나빴기 때문만은 아니다.

삶을 가볍게 살고 싶다면, 기대를 줄이는 연습이 필요하다. 기대를 버리라는 말이 아니다. 기대의 대상을 바꾸라는 뜻이다. 타인이나 상황이 아니라, 내가 선택할 태도에 기대를 거는 것이다. 어떤 반응이 오더라도 내가 무너지지 않겠다는 기대, 결과가 달라도 스스로를 탓하지 않겠다는 기대는 삶을 단단하게 만든다.

기대가 줄어들면 관계는 오히려 편안해진다. 상대를 바꾸려 애쓰지 않게 되고, 있는 그대로를 보게 된다. 실망이 줄어들면 감정의 소모도 함께 줄어든다. 삶은 여전히 예측할 수 없지만, 그 안에서 흔들리는 폭은 분명히 작아진다. 기대를 내려놓는 순간, 삶은 조금 더 조용하고 안정적인 방향으로 흘러가기 시작한다.

7장

모든 관계에서 상처받는 사람의 공통점

이상하게도 어떤 사람은 만나는 관계마다 상처를 받는다. 처음에는 상대의 문제라고 생각한다. 운이 나빴 나고, 사람을 잘못 만났다고 말한다. 하지만 관계가 바 뀌어도 비슷한 상처가 반복된다면, 한 번쯤은 시선을 바 꿔볼 필요가 있다. 문제는 늘 타인에게만 있지 않다.

모든 관계에서 상처받는 사람들의 공통점은 관계에 너무 많은 의미를 부여한다는 데 있다. 말 한마디, 표정 하나에도 마음을 크게 흔들린다. 상대의 반응을 통해 자 신의 가치를 확인하려 하다 보니, 작은 무관심도 큰 거절처럼 느껴진다. 관계가 위로가 아니라 시험대가 되는 순간이다.

이들은 종종 자신의 감정을 솔직함이라는 이름으로 그대로 드러낸다. 하지만 솔직함과 감정의 방치는 다르다. 순간의 감정을 그대로 쏟아내면 마음은 잠시 편해질지 모르지만, 관계는 점점 부담스러워진다. 상대는 이해하기보다 조심하게 되고, 그 거리감이 다시 상처로 돌아온다.

또 하나의 특징은 경계를 세우지 못한다는 점이다. 부탁을 거절하지 못하고, 불편함을 참으며 관계를 유지한다. 그러다 한계를 넘는 순간 감정이 폭발한다. 상대는 이유를 알지 못한 채 당황하고, 관계는 어색해진다. 상처는 그제야 드러나지만, 사실은 오래전부터 쌓여온 결과다.

모든 관계에서 상처받는 사람들은 관계를 지나치게 책임지려는 경향도 있다. 상대의 기분, 분위기, 갈등까지 스스로 해결해야 한다고 느낀다. 하지만 관계는 혼자 유지할 수 있는 것이 아니다. 한 사람이 과하게 짊어질수록 관계는 불균형해지고, 그 무게는 결국 상처로 돌아온다.

삶을 가볍게 만들고 싶다면 관계를 바라보는 태도부터 조정해야 한다. 모든 관계에서 이해받으려 하지 말고, 모든 관계를 지켜내려 애쓰지도 말아야 한다. 필요한 거리와 경계를 인정하는 순간, 관계는 훨씬 단순해진다. 상처받지 않는 관계를 만드는 비결은, 상처를 피하려 애쓰는 것이 아니라 자신을 지키는 기준을 분명히 세우는 데 있다.

8장

세상은 생각보다 당신에게 관심이 없다

우리는 종종 타인의 시선을 과하게 의식하며 산다. 내가 한 말이 어떻게 들렸을지, 오늘의 선택이 어떻게 보였을지, 실수 하나가 얼마나 크게 평가받을지 계속해서 생각한다. 이 생각들은 하루를 바쁘게 채우지만, 정작 삶을 앞으로 나아가게 하지는 않는다. 대부분의 불안은 실제 상황보다 머릿속 상상에서 더 크게 자란다.

사실 세상은 우리가 생각하는 것만큼 우리에게 관심이 없다. 사람들은 각자의 삶을 버텨내느라 바쁘고, 타인의 말과 행동을 오래 기억할 여유도 없다. 그럼에도 우리는 마치 모든 시선이 나를 향하고 있는 것처럼 행동한다. 이 착각은 삶을 불필요하게 경직되게 만든다.

타인의 시선을 지나치게 의식하면 선택이 위축된다. 하고 싶은 말은 삼키고, 원하는 행동은 미루게 된다. 실수하지 않으려는 마음이 커질수록 새로운 시도는 줄어든다. 결국 안전한 선택만 반복하게 되고, 삶은 점점 좁아진다. 나를 지키려다 오히려 나를 가두는 셈이다.

사람들의 평가를 두려워하는 이유는, 그 평가가 곧 나의 가치라고 믿기 때문이다. 하지만 평가는 언제나 상황과 감정에 따라 달라진다. 오늘의 호평이 내일의 무관심으로 바뀌는 일도 흔하다. 변덕스러운 기준에 나의 가치를 맡겨두는 한, 삶은 계속 흔들릴 수밖에 없다.

세상에 대한 오해를 하나 내려놓을 필요가 있다. 사람들이 나를 지켜보고 있다는 생각은 사실 내가 나 자신에게 들이대는 기준일지도 모른다. 우리는 타인보다 훨씬 엄격하게 자신을 평가한다. 그 기준을 조금만 낮춰도 삶은 훨씬 숨 쉴 공간이 생긴다.

삶을 가볍게 살고 싶다면, 남의 시선에서 한 발짝 떨어져야 한다. 모두에게 잘 보이려 애쓰지 않아도 된다. 완벽하지 않아도 괜찮고, 때로는 서툴러도 된다. 세상은 생각보다 빨리 지나간다. 그 안에서 가장 오래 남는 것은 타인의 평가가 아니라, 내가 어떤 태도로 살아왔는지에 대한 기억이다.

9장

인정받고 싶은 욕망이 삶을 소모시킨다

인정받고 싶은 마음은 인간에게 아주 자연스러운 욕망이다. 누군가에게 수고했다는 말을 듣고 싶고, 내가 한 선택이 틀리지 않았다는 확인을 받고 싶다. 문제는 이 욕망이 삶의 중심으로 올라올 때 시작된다. 인정이 삶의 연료가 되면, 우리는 점점 디 많이 소모된다.

처음에는 작은 인정이면 충분하다. 고맙다는 말 한마디, 수고했다는 표현 하나에 힘이 난다. 하지만 인정에 익숙해질수록 그 기준은 점점 높아진다. 예전에는 만족스러웠던 반응이 시시하게 느껴지고, 더 큰 칭찬과 더 분명한 반응을 기대하게 된다. 인정이 필요해질수록 삶은 점점 불안해진다.

인정 욕구가 강한 사람일수록 타인의 반응에 민감하다. 같은 말을 들어도 왜 저 사람은 저렇게 말했는지, 왜 나에게는 이 정도의 반응밖에 없는지 곱씹는다. 칭찬은 오래 남지 않고, 무심한 반응 하나가 마음을 오래 붙잡는다. 이렇게 감정의 중심이 밖으로 나가면, 하루의 기분은 타인의 태도에 따라 쉽게 흔들린다.

인정을 받기 위해 사는 삶은 방향을 잃기 쉽다. 내가 원해서 하는 일인지, 인정받기 위해 선택한 일인지 구분이 흐려진다. 그러다 보면 스스로를 점점 더 밀어붙이게 된다. 거절하지 못하고, 쉬지 못하고, 불편함을 감수하면서까지 기대에 맞추려 한다. 겉으로는 성실해 보이지만, 안에서는 점점 지쳐간다.

더 큰 문제는 인정이 사라졌을 때다. 기대했던 반응이 없거나, 노력에 비해 평가가 미미할 때 허무함이 몰려온다. '이렇게까지 했는데도 이 정도라면 무슨 의미가 있나.'라는 생각이 든다. 인정이 삶의 기준이 되면, 인정받지 못한 순간 삶 전체가 부정되는 느낌을 받게 된다.

삶을 가볍게 만들고 싶다면 인정의 위치를 다시 정해야 한다. 인정은 삶의 목적이 아니라 결과여야 한다. 내가 옳다고 생각하는 선택을 했는지, 감당할 수 있는 속도로 살고 있는지, 스스로에게 부끄럽지 않은 하루였는지를 먼저 기준으로 삼아야 한다. 타인의 인정은 있으면 고맙지만, 없어도 삶이 무너지지 않아야 한다.

인정받지 않아도 괜찮아지는 순간, 삶은 놀랄 만큼 단순해진다. 해야 할 일과 하지 않아도 될 일이 분명해지고, 관계에서도 무리하지 않게 된다. 삶을 소모시키는 것은 일이 많아서가 아니라, 인정받기 위해 스스로를 계속 증명하려 들기 때문이다. 그 증명을 내려놓을수록, 삶은 비로소 내 것이 된다.

10장

버티는 삶에는 반드시 한계가 온다

많은 사람들이 스스로를 이렇게 다독이며 살아 간다.

'조금 더 버티면 괜찮아질 거야. 이번 고비만 넘기면 숨 돌릴 수 있을 거야.'

버틴다는 말은 책임감 있고 성실하게 들린다. 실제 로 우리는 버티는 사람을 쉽게 포기하지 않는 사람으로 평가한다. 하지만 삶을 오래 버티는 방식으로만 살아가 는 데에는 분명한 한계가 있다.

버티는 삶의 가장 큰 문제는 끝이 보이지 않는다는

점이다. 언제까지 버텨야 하는지, 무엇이 달라지면 멈춰도 되는지 알 수 없다. 그래서 사람들은 스스로에게 계속 조건을 붙인다. 이 일만 끝나면, 이 시기만 지나면, 이 사람만 견디면 괜찮아질 거라고 말이다. 하지만 조건은 늘 새로운 조건을 낳고, 버텨야 할 이유는 계속 늘어난다.

버티는 삶은 감정을 미루는 삶이기도 하다. 힘들어도 괜찮다고, 지금은 느낄 여유가 없다고 스스로를 설득한다. 슬픔도, 분노도, 지침도 나중으로 밀어둔다. 하지만 감정은 사라지지 않는다. 쌓인 감정은 어느 순간 예기치 않은 방식으로 터져 나온다. 사소한 일에 과하게 반응하거나, 아무 이유 없이 무기력해지는 순간이 찾아온다.

또한 버티는 삶에서는 자신을 돌보는 일이 항상 뒤로 밀린다. 쉬는 것은 사치처럼 느껴지고, 멈추는 것은 패배처럼 여겨진다. 몸이 보내는 신호를 무시하고, 마음의 피로를 참고 넘긴다. 이렇게 버티는 시간이 길어질수록 회복에는 더 많은 에너지가 필요해진다. 결국 버티기 위해 썼던 힘이, 다시 일어서야 할 때 발목을 잡는다.

사람들이 버티는 삶을 쉽게 놓지 못하는 이유는 두려움 때문이다. 버티지 않으면 무너질 것 같고, 포기한 것처럼 보일까 걱정된다. 하지만 버티는 것과 견디지 않아도 되는 삶을 선택하는 것은 전혀 다른 문제다. 삶의 방식은 조정할 수 있지만, 삶 자체를 포기하는 것은 아니다.

삶을 가볍게 만들고 싶다면, 버티고 있는 이유를 점검해야 한다. 정말 지금 이 방식밖에 없는지, 내가 감당할 수 있는 한계를 이미 넘은 것은 아닌지 스스로에게 물어야 한다. 버티지 않아도 되는 구조를 만드는 것이 약함은 아니다. 오히려 오래 살기 위한 선택이다.

삶은 참고 견디는 능력을 시험하는 경기가 아니다. 무너지기 전에 멈출 줄 아는 사람, 스스로를 소진시키지 않는 방향을 선택할 줄 아는 사람이 결국 더 멀리 간다.

버티는 삶을 내려놓는 순간, 삶은 더 이상 싸움이 아니라 조율의 대상이 된다. 그리고 그때 비로소, 숨 쉴 수 있는 여백이 생긴다.

내려놓아야 가벼워지는 것들

삶이 무거워질수록

우리는 더 많은 것을 붙잡으려 합니다.

책임을 놓치지 않으려 하고,

완벽하려 애쓰며,

기대에 어긋나지 않기 위해 자신을 밀어붙입니다.

이 과정에서 우리는 자주 착각합니다.

더 많이 쥐고 있을수록

삶은 단단해질 거라고 말입니다.

하지만 살아보니

삶은 쥐는 힘으로 버티는 것이 아니라

내려놓는 기준으로 유지되고 있었습니다.

이 2부에서는

삶을 무겁게 만드는 것들을 하나씩 내려놓는 이야기를 합니다.

모든 걸 책임지려 하지 않아도 되는 이유,

완벽하지 않아도 괜찮은 삶의 기준,

남의 기대에서 벗어나는 연습,

관계를 줄여도 무너지지 않는 인생에 대해 다룹니다.

이 장들을 읽으며

무언가를 당장 버리려 하지 않아도 괜찮습니다.

그저 "이건 내려놓아도 되는 것이었구나."

알아차리는 것만으로 충분합니다.

내려놓는다는 것은

포기하거나 도망치는 일이 아닙니다.

삶을 오래가기 위한 선택입니다.

이제,

삶을 가볍게 만드는 연습을

조금씩 시작해 보겠습니다.

2부

태도가
삶의 무게를
결정한다

11장

환경보다 태도가 먼저다

사람들은 인생이 잘 풀리지 않을 때 가장 먼저 환경을 탓한다. 조건이 나빠서, 기회가 없어서, 출발선이 달라서 지금의 내가 있다고 말한다. 물론 환경은 삶에 영향을 미친다. 하지만 환경이 인생을 전부 결정하지는 않는다. 같은 조건에서도 전혀 다른 삶을 살아가는 사람들이 있다는 사실이 그 증거다.

환경은 출발점일 뿐, 방향까지 정해주지는 않는다. 문제는 많은 사람들이 출발점에 지나치게 집착한다는 데 있다. 이미 지나간 조건을 계속 들여다보느라, 지금 선택할 수 있는 태도를 놓친다. 환경을 바꿀 수 없다는 사실에 집중할수록, 삶은 점점 더 무력해진다.

태도는 상황이 아니라 선택의 영역이다. 같은 실패 앞에서도 어떤 사람은 좌절하고, 어떤 사람은 정리한다. 같은 상처를 겪고도 어떤 사람은 원망에 머물고, 어떤 사람은 거리를 조정한다. 이 차이는 능력의 문제가 아니라 태도의 문제다. 태도는 삶을 해석하는 기준이기 때문이다.

환경에 집착하는 사람일수록 변화에 소극적이다. 환경이 바뀌어야 움직일 수 있다고 믿기 때문이다. 반면 태도를 먼저 점검하는 사람은 작은 변화라도 스스로 만들어낸다. 말투를 바꾸고, 관계의 선을 조정하고, 하루의 리듬을 다시 설계한다. 이런 변화는 눈에 잘 띄지 않지만, 시간이 지나면 삶의 방향을 분명히 바꾼다.

태도는 감정을 억누르는 것이 아니다. 오히려 감정을 있는 그대로 인식하고, 그 다음에 어떻게 행동할지를 선택하는 힘에 가깝다. 화가 난다고 해서 모두 쏟아내지 않고, 불안하다고 해서 멈춰 서지 않는 것. 이 작은 선택들이 쌓여 삶의 안정감을 만든다.

환경이 좋아질 때까지 기다리는 삶은 늘 지연된다. 반면 태도를 조정하는 삶은 지금 당장 시작할 수 있다. 오늘의 상황이 완벽하지 않아도, 오늘의 태도는 선택할 수 있다. 그 선택이 반복될수록 환경을 바라보는 시선도 달라진다.

삶을 가볍게 만들고 싶다면, 환경을 바꾸려 애쓰기 전에 태도를 먼저 점검해야 한다. 모든 조건이 갖춰진 뒤에 시작하는 삶은 없다. 태도는 환경을 이기는 힘이 아니라, 환경에 휘둘리지 않게 만드는 기준이다. 그 기준이 세워지는 순간, 삶은 더 이상 조건의 노예가 아니라 선택의 결과가 된다.

12장

같은 상황, 전혀 다른 인생

같은 상황에 놓여 있는데도 어떤 사람은 무너지고, 어떤 사람은 버텨낸다. 같은 실패를 겪고도 누군가는 다시 일어서고, 누군가는 그 자리에 머문다. 이 차이는 운이나 재능만으로 설명되지 않는다. 삶은 언제나 공평하지 않지만, 같은 조건에서 전혀 다른 인생이 만들어지는 이유가 분명히 존재한다.

사람들은 흔히 결과의 차이를 능력에서 찾는다. 하지만 자세히 들여다보면 결과는 생각보다 늦게 나타난다. 그전에 이미 태도의 차이가 생긴다. 어떤 사람은 상황을 '판결'로 받아들이고, 어떤 사람은 '자료'로 받아들인다. 전자는 상황이 자신을 규정한다고 믿고, 후자는 상황이 자신을 설명해 줄 뿐이라고 생각한다.

같은 상황을 판결로 받아들이는 사람은 쉽게 단정한다. 나는 여기까지인 사람이라고, 이 정도가 한계라고 말한다. 단정은 마음을 편하게 해주는 대신, 가능성을 닫아버린다. 반면 상황을 자료로 보는 사람은 질문을 던진다. 무엇이 부족했는지, 무엇을 조정할 수 있는지, 다음에는 무엇을 다르게 할 수 있는지를 살핀다. 이 질문의 방향이 삶을 갈라놓는다.

상황을 대하는 태도는 일상에서 드러난다. 문제가 생겼을 때 변명을 먼저 떠올리는지, 정리를 먼저 시작하는지에서 차이가 난다. 책임을 전부 떠안거나, 반대로 전부 외부로 돌리는 태도는 모두 삶을 정체시킨다. 균형 잡힌 태도는 내가 바꿀 수 있는 영역과 받아들여야 할 영역을 구분하는 데서 나온다.

또 하나의 차이는 시간의 사용 방식이다. 같은 하루

를 살아도 어떤 사람은 상황을 곱씹는 데 시간을 쓰고, 어떤 사람은 회복하는 데 시간을 쓴다. 전자는 감정에 오래 머물고, 후자는 다음 행동을 준비한다. 이 차이는 당장 드러나지 않지만, 시간이 쌓일수록 인생의 방향을 크게 바꾼다.

삶은 극적인 반전보다 미세한 차이로 달라진다. 큰 결심보다 작은 태도 조정이 더 오래간다. 같은 상황에서 전혀 다른 인생을 사는 사람들은 특별히 강해서가 아니라, 반복적으로 자신을 정리해 온 사람들이다. 감정을 다스리고, 기준을 세우고, 무너질 때마다 다시 일어나는 방식을 배워온 사람들이다.

삶을 가볍게 만들고 싶다면 상황을 바꾸려 애쓰기보다, 상황을 해석하는 방식을 점검해야 한다. 상황은 늘 반복되지만, 태도는 선택할 수 있다. 같은 하루를 살아도 전혀 다른 인생이 만들어지는 이유는, 바로 그 선택의 차이에 있다.

13장

태도를 잃는 순간 판단도 무너진다

사람은 보통 실수의 원인을 능력 부족이나 정보 부족에서 찾는다. 하지만 많은 실패의 출발점은 판단의 흔들림이다. 그리고 그 판단이 흔들리는 순간에는 거의 예외 없이 태도가 먼저 무너져 있다. 감정이 앞서고, 조급함이 판단을 덮어버릴 때, 우리는 스스로 생각보다 훨씬 쉽게 잘못된 선택을 한다.

태도가 무너질 때 가장 먼저 나타나는 변화는 시야의 축소다. 평소에는 보이던 선택지가 사라지고, 극단적인 판단만 남는다. 지금 당장 해결하지 않으면 안 될 것처럼 느껴지고, 한 번의 실수가 모든 것을 끝낼 것처럼 생각한다. 이런 상태에서는 차분한 판단이 가능할 리 없다. 판단은 언제나 여유가 있을 때 작동한다.

감정이 격해진 상태에서 내린 결정은 대부분 후회로 남는다. 화가 난 상태에서 한 말, 불안에 밀려 내린 선택, 인정받고 싶은 마음에 감수한 무리는 시간이 지나면 스스로에게 상처가 된다. 문제는 그 순간에는 그 선택이 최선처럼 느껴진다는 점이다. 태도가 무너진 상태에서는 기준 자체가 흐려지기 때문이다.

태도를 잃는 순간 사람은 자신에게 관대해지거나, 반대로 지나치게 가혹해진다. 한쪽으로 치우친 판단은 균형을 잃는다. 자기 합리화로 잘못된 선택을 정당화하거나, 사소한 실수 하나로 자신을 전면 부정한다. 어느 쪽이든 삶을 안정적으로 이끌 수가 없다.

판단을 지키는 힘은 감정을 없애는 데서 나오지 않는다. 감정을 인식하고도 그 감정에 끌려가지 않는 태도에서 나온다. 지금의 감정이 판단을 왜곡하고 있는지 한 번 더 점검하는 여유, 지금 내리는 결정이 일시적인 감정의 결과는 아닌지 스스로 묻는 습관이 필요하다. 이 한 번의 멈춤이 삶을 지켜준다.

태도가 안정된 사람은 위기 앞에서 더 천천히 움직인다. 급하게 결론을 내리지 않고, 상황을 정리한 뒤 선택한다. 이 느림은 우유부단함이 아니라 자신을 보호하는 속도다. 서두르지 않는 태도는 판단을 망치지 않게 하는 최소한의 안전장치다.

삶을 가볍게 만들고 싶다면, 무엇을 선택할지보다 어떤 태도로 선택할지를 먼저 생각해야 한다. 판단은 순간이지만, 그 결과는 오래 남는다. 태도를 지키는 사람은 늘 옳은 선택을 하는 것이 아니라, 큰 실수를 피할 줄 아는 사람이다. 그리고 그것만으로도 삶은 충분히 안정적인 방향으로 흘러간다.

14장

감정에 휘둘리는 사람의 하루

아침부터 기분이 가라앉는 날이 있다. 특별한 이유가 있는 것도 아닌데, 작은 말 한마디에 마음이 상하고, 사소한 일이 계속 걸린다. 감정이 흐트러진 날의 하루는 유난히 길고 무겁다. 같은 일을 해도 더 피곤하고, 같은 상황에서도 유독 예민해진다. 감정은 이렇게 하루 전체의 질을 좌우한다.

감정에 휘둘리는 사람들의 하루에는 공통된 패턴이 있다. 기분에 따라 행동이 달라지고, 행동의 결과가 다시 감정을 자극한다. 이 악순환 속에서 하루는 점점 감정 중심으로 흘러간다. 계획했던 일보다 그때그때의 기분이 우선이 되고, 감정이 가라앉으면 해야 할 일도 미뤄진다.

문제는 감정이 나쁘다는 데 있지 않다. 감정은 자연스러운 반응이다. 문제는 감정을 사실처럼 믿어버릴 때다. 오늘 내가 무기력하다고 해서 삶 전체가 무의미한 것은 아니다. 하지만 감정에 휘둘리는 사람은 이 구분을 놓친다. 순간의 감정을 인생의 진실로 받아들이며 스스로를 몰아붙인다.

감정에 따라 판단이 달라지면 삶의 일관성도 무너진다. 어떤 날은 괜찮아 보이던 선택이, 기분이 가라앉은 날에는 최악처럼 느껴진다. 이런 상태가 반복되면 자신에 대한 신뢰도 떨어진다. 내 판단을 믿지 못하게 되고, 그 불안이 다시 감정을 흔든다.

감정에 휘둘리지 않는다는 것은 감정을 억누르는 것이 아니다. 오히려 감정을 하나의 신호로 인식하는 태도에 가깝다. 지금 내가 예민한 상태인지, 지친 상태인지 알아차리고, 그에 맞는 행동을 선택하는 것이다. 감정이 나쁜 날에는 중요한 결정을 미루는 것도 하나의 전략이다.

하루를 지키는 힘은 거창한 의지에서 나오지 않는다. 감정과 거리를 두는 작은 습관에서 나온다. 기분이 아닌 기준으로 하루를 운영하는 연습, 감정이 아닌 약속된 루틴을 따라 움직이는 태도가 필요하다. 이 기준이 있을 때 감정은 삶을 지배하지 못한다.

삶을 가볍게 만들고 싶다면, 하루를 감정에 맡기지 말아야 한다. 감정은 날씨처럼 변하지만, 삶의 방향까지 바꿀 권한은 없다. 감정을 존중하되, 결정권까지 넘겨주지 않는 태도. 그 태도가 하루를 지키고, 결국 인생 전체를 안정시키는 힘이 된다.

15장

흔들리지 않는 사람들의 공통점

겉으로 보기에는 흔들리지 않는 사람들이 있다. 상황이 바뀌어도, 말이 오가도, 예기치 않은 문제가 생겨도 크세 요동치지 않는다. 이들은 특별히 감정이 없는 사람도, 타고나게 강한 사람도 아니다. 다만 삶을 대하는 기준이 분명할 뿐이다. 흔들리지 않는 힘은 성격이 아니라 구조에서 나온다.

이들의 가장 큰 공통점은 반응보다 기준을 먼저 세운다는 점이다. 무슨 일이 생겼을 때 즉각적인 감정 반응보다, 자신이 정해둔 원칙을 떠올린다. 지금 이 상황에서 감정적으로 움직여도 되는지, 아니면 한 박자 멈추는 것이 맞는지를 기준에 비춰 판단한다. 이 짧은 지연이 삶의 균형을 지켜준다.

흔들리지 않는 사람들은 모든 일에 의미를 과하게 부여하지 않는다. 작은 실패를 인생 전체로 확대하지 않고, 일시적인 감정을 영구적인 상태로 착각하지 않는다. 삶에는 오르내림이 있다는 사실을 받아들였기 때문에, 한 번의 흔들림에 전부를 걸지 않는다. 이 태도가 회복을 빠르게 만든다.

또 하나의 공통점은 자신이 통제할 수 있는 영역과 그렇지 않은 영역을 명확히 구분한다는 것이다. 타인의 반응, 외부의 평가, 예측할 수 없는 결과에 에너지를 낭비하지 않는다. 대신 자신의 태도, 선택, 노력에만 집중한다. 집중의 방향이 명확할수록 마음은 덜 흔들린다.

흔들리지 않는 사람들은 감정을 숨기지 않는다. 다만 감정이 행동을 지배하도록 허용하지 않는다. 화가 나면 화가 난다는 사실을 인정하되, 그 감정에 맞춰 관계를 망치거나 판단을 흐리지는 않는다. 감정을 느끼는 것과 감정대로 행동하는 것은 다르다는 사실을 알고 있다.

이들은 또한 삶의 속도를 스스로 조절한다. 남의 속도에 휘둘리지 않고, 자신의 리듬을 지킨다. 조급해질수록 속도를 늦추고, 불안할수록 구조를 단순하게 만든다. 이 느림은 뒤처짐이 아니라, 중심을 되찾는 과정이다.

삶을 가볍게 만들고 싶다면, 흔들리지 않는 사람이 되려고 애쓰기보다 흔들려도 다시 돌아올 수 있는 기준을 만들어야 한다. 완전히 흔들리지 않는 사람은 없다. 중요한 것은 흔들린 뒤 얼마나 빨리 중심으로 돌아오는가다. 그 기준이 있을 때, 삶은 더 이상 불안정한 파도에 맡겨지지 않는다.

16장

태도는 성격이 아니라 선택이다

사람들은 흔히 이렇게 말한다.

"나는 원래 이런 사람이야."

이 말 속에는 체념과 동시에 면책이 섞여 있다. 태도가 문제라는 사실을 알면서도, 그것을 성격의 영역으로 밀어 넣으면 더 이상 바꿀 필요가 없어지기 때문이다. 하지만 태도는 타고나는 것이 아니라, 반복되는 선택의 결과다.

성격과 태도를 혼동하면 삶은 쉽게 고정된다. 성격은 비교적 안정적인 경향이지만, 태도는 상황 앞에서 드러나는 반응이다. 같은 성격을 가진 사람도 어떤 날은 차분하고, 어떤 날은 공격적으로 행동한다. 이는 성격이 바뀌어서가 아니라, 그 순간 어떤 태도를 선택했느냐의 차이다.

태도를 선택하지 않는 사람은 감정에 끌려간다. 기분이 나쁘면 퉁명스러워지고, 불안하면 서두르고, 상처받으면 벽을 세운다. 이런 반응들은 자연스럽지만, 선택하지 않은 태도는 늘 후회를 남긴다. 태도를 선택한다는 것은 감정을 무시하는 것이 아니라, 감정 뒤에 숨지 않겠다는 선언에 가깝다.

태도는 연습으로 만들어진다. 처음에는 불편하고 어색하다. 화가 날 때 한 박자 멈추는 일, 비난 대신 질문을 던지는 일, 즉각적인 반응을 유예하는 일은 쉽지 않다. 하지만 이 작은 선택이 반복되면, 태도는 습관이 되고 습관은 삶의 방향을 바꾼다.

많은 사람들이 태도를 바꾸면 자신을 잃을까 봐 두려워한다. 솔직하지 못해질 것 같고, 참기만 하는 사람이 될까 봐 걱정한다. 하지만 태도를 선택하는 삶은 오히려 더 분명해진다. 감정에 휘둘리지 않기 때문에, 무엇을 말할지와 무엇을 말하지 않을지가 선명해진다.

태도를 선택할 수 있다는 사실은 삶에 큰 자유를 준다. 상황이 나쁘다고 해서 반드시 나쁜 사람이 될 필요는 없고, 상처를 받았다고 해서 반드시 공격적으로 변할 필요도 없다. 태도는 나를 보호하면서도 관계를 지킬 수 있는 방식이다.

삶을 가볍게 만들고 싶다면, 성격이라는 말 뒤에 숨지 말아야 한다. 태도는 오늘도 선택할 수 있다. 완벽한 태도를 유지할 필요는 없다. 다만 매번 같은 방식으로 무너지는 삶에서, 한 번쯤은 다른 선택을 해보는 용기가 필요하다. 그 용기가 쌓일수록, 삶은 점점 더 내가 통제할 수 있는 영역으로 돌아온다.

말투 하나가 삶의 방향을 바꾼다

사람은 하루에도 수없이 말을 한다. 누군가에게 건네는 말뿐 아니라, 혼잣말처럼 스스로에게 하는 말도 포함된다. 이 말들이 모여 하루의 분위기를 만들고, 그 분위기가 삶의 방향을 조금씩 밀어낸다. 말투는 사소해 보이지만, 생각보다 강력한 힘을 가진다.

말투는 생각이 드러나는 가장 빠른 통로다. 같은 내용을 말해도 말투에 따라 전혀 다른 의미로 전달된다. "어쩔 수 없지."라는 말과 "이건 내가 감당해야 할 일이야."라는 말은 상황은 같아도 태도를 완전히 다르게 만든다. 전자는 체념으로 끝나고, 후자는 선택으로 남는다.

특히 스스로에게 하는 말투는 삶에 큰 영향을 미친다. 일이 잘 풀리지 않을 때 "역시 나는 안 돼."라고 말하는 사람과 "지금은 잘 안 되는 시기일 뿐이야."라고 말하는 사람은 같은 실패를 겪고도 전혀 다른 하루를 산다. 말투는 현실을 바꾸지 않지만, 현실을 해석하는 틀을 바꾼다.

관계에서도 말투는 방향을 결정한다. 같은 불만이라도 공격적인 말투는 갈등을 키우고, 정리된 말투는 대화를 가능하게 만든다. 말투가 거칠어질수록 사람들은 내용보다 태도에 반응한다. 결국 전하려던 메시지는 사라지고, 감정만 남는다.

많은 사람들이 말투를 성격이라고 생각한다. 하지만 말투 역시 태도의 한 부분이다. 화가 나도 선택할 수 있고, 피곤해도 조정할 수 있다. 물론 늘 완벽한 말투를 유지할 수는 없다. 중요한 것은 매번 같은 말투로 관계를 망치지 않겠다는 의식이다.

말투를 바꾸면 행동도 달라진다. "해야만 한다."라는 말은 부담을 키우고, "해보자."라는 말은 여지를 남긴다. "못 하겠다."라는 말은 멈춤으로 이어지고, "지금은 어렵다."라는 말은 다음을 준비하게 한다. 이 작은 차이가 반복되면 삶의 방향도 달라진다.

삶을 가볍게 만들고 싶다면, 하루에 몇 번이라도 자신의 말투를 점검해 볼 필요가 있다. 지금 나는 나를 몰아붙이고 있는지, 아니면 지지하고 있는지 돌아보는 것이다. 말투는 습관이 되고, 습관은 태도가 된다. 말투 하나를 바꾸는 것만으로도 삶은 생각보다 부드럽게 흘러가기 시작한다.

18장

불평이 많아질수록 삶은 좁아진다

불평은 대개 작은 한숨에서 시작된다. 일이 뜻대로 풀리지 않을 때, 사람이 마음에 들지 않을 때, 상황이 억울하게 느껴질 때 우리는 자연스럽게 불평을 내뱉는다. 불평은 순간적으로 마음을 가볍게 해 주는 것처럼 보인다. 말로 뱉어내면 속이 조금 시원해지는 느낌이 들기 때문이다. 하지만 이 시원함은 오래가지 않는다.

불평이 잦아질수록 삶의 초점은 문제에 고정된다. 잘되고 있는 일보다 부족한 점이 먼저 보이고, 가능성보다 한계가 더 크게 느껴진다. 불평은 상황을 바꾸지 못하면서도 시선을 한쪽으로 몰아간다. 그 결과 삶은 점점 단조로워지고, 선택의 폭은 줄어든다.

불평의 또 다른 문제는 관계에 미치는 영향이다. 처음에는 공감처럼 시작되지만, 반복되면 부담이 된다. 듣는 사람은 점점 조언을 아끼게 되고, 대화는 해결이 아닌 하소연의 장이 된다. 결국 관계는 깊어지기보다 소모된다. 불평이 많은 사람 곁에서는 누구나 조심스러워진다.

불평은 습관이 되기 쉽다. 한 번 불평으로 감정을 풀기 시작하면, 다른 방식의 해소가 필요 없어진다. 문제를 정리하거나 행동으로 옮기기보다 말로 소비해 버리는 것이다. 이렇게 되면 삶은 움직이지 않으면서도 계속 피곤해진다.

불평이 늘어나는 이유는 내개 통제감을 잃었다고 느끼기 때문이다. 바꿀 수 없는 것에 에너지를 쓰고 있을 때, 사람은 말로 저항한다. 하지만 불평은 저항이 아니라 반복일 뿐이다. 바꿀 수 없는 것을 붙잡고 있을수록, 바꿀 수 있는 것까지 놓치게 된다.

삶을 가볍게 만들고 싶다면 불평을 완전히 없애려 애쓸 필요는 없다. 다만 불평을 신호로 삼아야 한다. 지금 내가 무엇에 막혀 있는지, 무엇을 조정해야 하는지 알려주는 신호로 받아들이는 것이다. 불평을 말로 끝내지 않고 행동으로 옮기는 순간, 삶의 공간은 다시 넓어진다.

불평을 줄인다는 것은 참고 견디는 것이 아니다. 시선을 옮기는 일이다. 바꿀 수 없는 것에서 바꿀 수 있는 것으로, 탓에서 선택으로 이동하는 것이다. 이 이동이 반복될수록 삶은 조금씩 단순해지고, 불필요한 무게는 자연스럽게 사라진다.

19장

태도는 쌓이고, 결국 인생이 된다

사람들은 인생을 바꾸는 계기가 반드시 커야 한다고 생각한다. 한 번의 결심, 한 번의 선택, 한 번의 기회가 모든 것을 바꿀 것처럼 기대한다. 하지만 실제로 인생을 바꾸는 것은 눈에 잘 띄지 않는 태도의 반복이다. 하루하루 선택한 태도가 쌓여 어느새 삶의 방향을 만들어낸다.

태도는 즉각적인 결과를 보여주지 않는다. 그래서 사람들은 그 중요성을 쉽게 잊는다. 오늘 한 번 참았다고 인생이 달라지지 않고, 오늘 한 번 정리했다고 모든

문제가 해결되지 않는다. 하지만 태도는 기록처럼 남는
다. 어떤 상황에서 어떤 반응을 선택했는지가 조금씩 축
적되어, 나중에는 '이 사람은 이런 삶을 사는 사람'이라는
모습으로 굳어진다.

작은 태도의 차이는 위기에서 더 분명해진다. 평소
에 불평으로 반응하던 사람은 어려움 앞에서 더 쉽게 무
너지고, 정리하는 태도를 연습해 온 사람은 같은 위기에
서도 중심을 잡는다. 위기 자체보다 위기를 대하는 태도
가 그 사람의 인생을 드러내는 순간이다.

태도가 쌓인다는 사실은 책임이기도 하지만 동시에
희망이기도 하다. 과거에 어떤 태도로 살아왔든, 오늘의
선택이 내일을 조금씩 바꿀 수 있다는 뜻이기 때문이다.
지금까지의 태도가 마음에 들지 않는다면, 한 번에 바꾸
려 애쓰지 않아도 된다. 오늘 한 번만 다르게 반응해도
충분하다.

많은 사람들이 태도를 바꾸려다 포기하는 이유는
완벽함을 기대하기 때문이다. 늘 차분해야 하고, 항상

긍정적이어야 한다고 생각한다. 하지만 태도는 완벽함의 문제가 아니라 회복의 문제다. 흔들려도 다시 기준으로 돌아오는 연습이 중요하다. 이 반복이 쌓이면, 흔들리는 시간은 점점 짧아진다.

태도는 결국 나 자신과 맺는 관계다. 나를 몰아붙일 것인지, 정리해 줄 것인지, 지켜줄 것인지에 대한 선택이다. 이 선택이 반복될수록 삶은 덜 소모되고, 더 안정적인 방향으로 흘러간다. 태도가 삶을 대신 살아주지는 않지만, 삶을 견딜 수 있는 힘은 분명히 키워준다.

삶을 가볍게 만들고 싶다면, 거창한 계획보다 오늘의 태도를 점검해야 한다. 지금 이 상황에서 어떤 태도를 선택할 것인지 스스로에게 묻는 것이다. 태도는 쌓이고, 그 축적이 결국 인생이 된다. 조용히, 하지만 확실하게.

20장

조용히 강한 사람이 오래간다

강함은 흔히 드러나는 힘으로 오해된다. 목소리가 크고, 의견이 분명하며, 앞에 나서기를 주저하지 않는 사람이 강해 보인다. 하지만 삶을 오래 버텨내는 힘은 조용한 쪽에 더 가깝다. 조용히 강한 사람들은 필요 이상으로 자신을 증명하지 않는다. 대신 상황 속에서 자신을 지키는 방법을 알고 있다.

조용한 강함의 첫 번째 특징은 감정을 과시하지 않는 태도다. 화가 나도 모두에게 알리지 않고, 억울해도 당장 폭발하지 않는다. 이는 감정을 억누르기 때문이 아니라, 감정에 휘둘리지 않기 위해서다. 감정을 드러내는 방식까지 스스로 선택할 수 있다는 점에서 이들은 이미 한 단계 위에 서 있다.

이들은 갈등을 키우지 않는다. 모든 싸움에 참여하지 않고, 모든 의견에 반응하지 않는다. 침묵은 도망이 아니라 선택이다. 불필요한 충돌을 피하고, 지켜야 할 것과 흘려보내도 될 것을 구분한다. 이 선택이 쌓이면서 삶은 소모되지 않고 이어진다.

조용히 강한 사람은 속도가 일정하다. 남들이 앞서 갈 때 조급해하지 않고, 뒤처질 때도 자신을 부정하지 않는다. 자신이 리듬을 알고 있기 때문이다. 이 리듬은 하루아침에 만들어지지 않는다. 수많은 흔들림 속에서 자신에게 맞는 속도를 찾아온 결과다.

또 하나의 특징은 인정에 크게 의존하지 않는다는 점이다. 칭찬이 없어도 방향을 잃지 않고, 평가가 엇갈려도 중심을 유지한다. 스스로의 기준이 분명하기 때문에, 외부의 반응은 참고 자료일 뿐 결정권은 늘 자신에게 있다.

조용한 강함은 겉으로는 눈에 띄지 않지만, 위기에서 드러난다. 큰소리로 버티던 사람보다, 조용히 정리해온 사람이 끝까지 남는다. 감정을 관리하고, 에너지를 아끼고, 자신을 소진시키지 않는 방식은 결국 시간을 아군으로 만든다.

삶을 가볍게 만들고 싶다면 강해지려고 애쓰기보다 조용해질 필요가 있다. 반응을 줄이고, 기준을 세우고, 불필요한 싸움에서 빠져나오는 용기. 조용히 강한 사람은 단단해 보이기보다 오래간다. 그리고 인생에서 가장 중요한 것은, 결국 오래 남는 힘이다.

삶을 가볍게 만드는 실천

삶이 무겁게 느껴질 때

우리는 종종 마음가짐부터 바꾸려 합니다.

생각을 고치고, 감정을 다스리고,

의지를 다잡으려 애씁니다.

하지만 살아보니

삶은 생각보다

구조에 더 큰 영향을 받았습니다.

하루가 복잡하면 삶도 복잡해지고,

쉴 틈이 없으면 마음도 쉬지 못합니다.

아무리 마음을 다잡아도

삶의 방식이 바뀌지 않으면

다시 제자리로 돌아옵니다.

이 3부에서는

삶을 실제로 가볍게 만드는

작고 현실적인 실천들을 다룹니다.

하루를 단순하게 설계하는 법,

하지 않을 일을 정하는 기준,

생각과 감정을 소모하지 않는 방식,

쉼과 여백을 삶에 남겨두는 기술에 대해 이야기합니다.

이 장들을 읽으며

완벽하게 실천하려 애쓰지 않아도 괜찮습니다.

하나라도 "이건 해볼 수 있겠다."

느껴진다면 그것으로 충분합니다.

삶은 의지로 버티는 것이 아니라

구조토 유지됩니다.

이제,

삶을 덜 소모하는 방식으로

하루를 다시 설계해 보겠습니다.

3부

내려놓아야
가벼워지는
것들

21장

모든 걸 책임지려 하지 마라

책임감이 강한 사람일수록 삶이 무거워진다. 맡은 일은 끝까지 해내야 하고, 관계에서는 늘 내가 더 신경 써야 한다고 믿는다. 문제가 생기면 가장 먼저 자신을 돌아보고, 혹시 내가 부족해서 이런 일이 생긴 건 아닌지 자책한다. 이런 태도는 겉으로 보기에는 성숙해 보이지만, 오래 지속되면 삶을 갉아먹는다.

모든 것을 책임지려는 사람들은 경계가 흐릿하다. 어디까지가 내 몫이고, 어디부터가 타인의 몫인지 구분하지 못한다. 상대의 감정, 결과, 선택까지 자신이 책임져야 할 것처럼 느낀다. 그 결과 타인의 몫까지 짊어지게 되고, 그 무게는 결국 피로와 원망으로 돌아온다.

책임을 많이 지는 것이 반드시 좋은 태도는 아니다. 책임은 감당 가능한 범위 안에 있을 때 의미가 있다. 감당을 넘어선 책임은 헌신이 아니라 소진이다. 모든 일을 떠안고 있는 동안, 정작 자신을 돌볼 여유는 점점 사라진다. 그러다 어느 순간 이유 없이 지치고, 사소한 일에도 예민해진다.

모든 걸 책임지려는 태도의 근원에는 두려움이 있다. 내가 나서지 않으면 일이 망가질 것 같고, 거절하면 관계가 깨질 것 같다는 불안이다. 하지만 이런 두려움은 대부분 과장되어 있다. 사람들은 생각보다 각자의 몫을 감당할 수 있고, 관계는 한 사람의 희생으로만 유지되지 않는다.

책임을 내려놓는다는 것은 무책임해지는 것이 아니다. 책임의 범위를 분명히 하는 일이다. 내가 선택한 것, 내가 통제할 수 있는 것, 내가 감당할 수 있는 것까지만 책임지는 태도는 오히려 삶을 안정시킨다. 불필요한 짐을 내려놓을수록 에너지는 회복되고 판단은 또렷해진다.

삶을 가볍게 만들고 싶다면, 지금 내가 짊어지고 있는 책임 목록을 점검해 볼 필요가 있다. 이 중 정말 내 몫인 것은 무엇이고, 내려놓아도 되는 것은 무엇인지 구분하는 것이다. 모든 걸 책임지려는 사람보다, 책임의 선을 지킬 줄 아는 사람이 오래간다.

책임은 삶을 떠받치는 기둥이 될 수도 있고, 삶을 무너뜨리는 짐이 될 수도 있다. 그 차이는 양이 아니라 태도에서 나온다. 모든 걸 책임지려 하지 마라. 당신의 삶까지 책임져야 할 의무는, 오히려 당신 자신에게 있다.

22장

완벽하려다 인생을 놓친다

완벽함은 처음에는 목표처럼 보인다. 실수하지 않기 위해, 후회하지 않기 위해, 가능한 한 최선의 선택을 하고 싶다는 마음에서 시작된다. 하지만 완벽을 추구하는 삶은 어느 순간부터 삶을 전진시키기보다 붙잡아 두는 역할을 하게 된다. 완벽해질 때까지 기다리는 동안, 인생은 멈추지 않고 흘러가기 때문이다.

완벽을 추구하는 사람들은 시작이 늦다. 아직 준비가 부족하다고 느끼고, 조금만 더 다듬고 나서 움직이겠다고 말한다. 하지만 준비는 끝나지 않는다. 더 나은 선택, 더 안정적인 조건, 더 확실한 결과를 기다리는 동안 기회는 지나간다. 완벽을 기다리는 태도는 사실상 미루는 태도와 크게 다르지 않다.

완벽함은 실수를 용납하지 않는다. 작은 실패도 크게 느껴지고, 한 번의 흔들림이 전부를 무너뜨리는 것처럼 받아들여진다. 이때 사람은 도전보다 회피를 선택한다. 실패하지 않는 가장 확실한 방법은 아예 시도하지 않는 것이기 때문이다. 이렇게 인생은 점점 안전하지만 좁아진다.

관계에서도 완벽주의는 문제를 만든다. 말 한마디, 행동 하나에도 지나치게 신경 쓰며 상대의 반응을 계산한다. 그 결과 자연스러움은 사라지고, 관계는 긴장으로 채워진다. 완벽하려는 태도는 상대를 배려하는 것처럼 보이지만, 사실은 스스로를 옥죄는 방식이 되기 쉽다.

완벽함의 가장 큰 함정은 만족이 없다는 점이다. 기준을 달성하는 순간, 더 높은 기준이 생긴다. 잠시 안도하는 사이 다시 부족함이 눈에 들어온다. 이렇게 되면 삶은 늘 미완성 상태로 느껴진다. 아무리 잘 해내도 스스로를 인정하지 못하는 이유다.

삶을 가볍게 만들고 싶다면 완벽을 목표에서 내려 놓아야 한다. 대신 충분함을 기준으로 삼아야 한다. 지금의 선택이 감당 가능한지, 지금의 속도가 나를 소진시키지 않는지 묻는 것이다. 완벽하지 않아도 괜찮다는 태도는 삶을 대충 살겠다는 말이 아니다. 지속 가능한 방식으로 살겠다는 선언이다.

인생은 완성품이 아니라 과정이다. 완벽해진 뒤에 사는 것이 아니라, 부족한 채로 살아가며 다듬어지는 것이다. 완벽하려다 인생을 놓쳐서는 안 된다. 조금 부족해도 괜찮다는 여유 속에서, 삶은 비로소 앞으로 움직이기 시작한다.

23장

남의 기대에서 벗어나는 연습

우리는 생각보다 많은 기대 속에서 살아간다. 가족의 기대, 조직의 기대, 사회가 정해놓은 기준까지. 이 기대들은 노골적으로 요구되지 않아도 은근하게 삶의 방향을 잡아당긴다. 문제는 이 기대가 언제부터인가 내 선택처럼 느껴진다는 점이다. 남의 기대를 충족시키는 삶을 살면서도, 그것이 나의 의지라고 착각하게 된다.

남의 기대에 맞추어 살아온 사람일수록 자신의 욕구를 분명히 말하지 못한다. 무엇을 원하는지의 질문 앞에서 잠시 멈춘다. 늘 해야 할 일과 기대에 부응하는 역할에 익숙해져 있기 때문이다. 이렇게 살다 보면 어느 순간부터는 내가 무엇을 좋아하는지, 무엇을 싫어하는지조차 흐릿해진다.

기대에서 벗어나는 일이 어려운 이유는 두려움 때문이다. 실망시키고 싶지 않다는 마음, 나쁘게 보일까 걱정하는 마음, 관계가 멀어질까 불안한 마음이 발목을 잡는다. 하지만 모든 기대를 충족시키는 삶은 결국 자신을 실망시키는 삶이 되기 쉽다. 타인을 지키기 위해 나를 계속 뒤로 미루게 되기 때문이다.

기대에 맞춰 사는 삶은 겉으로는 안정적일 수 있다. 큰 갈등도 없고, 비난도 적다. 하지만 그 안에는 늘 긴장이 있다. 혹시 이번 선택이 기대에 어긋나지 않았는지, 다음에는 어떻게 해야 할지 계속해서 눈치를 보게 된다. 이런 긴장은 삶을 조용히 소모시킨다.

남의 기대에서 벗어난다는 것은 관계를 끊거나 무례해지는 것이 아니다. 기대를 전부 짊어지지 않겠다고 결정하는 일이다. 내가 감당할 수 있는 만큼만 받아들이고, 그 이상은 정중히 내려놓는 태도다. 처음에는 불편할 수 있다. 하지만 그 불편함은 오래가지 않는다. 오히려 스스로를 존중하는 감각이 서서히 자리 잡는다.

기대를 내려놓으면 선택이 명확해진다. 남들이 원하는 방향이 아니라, 내가 책임질 수 있는 방향으로 움직이게 된다. 그 결과 삶은 조금 느려질 수 있지만, 훨씬 안정적이 된다. 억지로 끌려가지 않는 삶은 생각보다 단단하다.

삶을 가볍게 만들고 싶다면, 지금 나를 움직이게 하는 기대가 누구의 것인지 점검해 봐야 한디. 징말 내가 원하는 것인지, 아니면 실망시키지 않기 위해 붙잡고 있는 것인지 구분하는 것이다. 남의 기대에서 한 발 물러서는 슈간, 비로소 내 삶의 무게를 내가 조절할 수 있게 된다.

24장

관계는 줄여도 인생은 무너지지 않는다

많은 사람들이 관계를 쉽게 줄이지 못한다. 불편한 관계라도 끊어내면 안 될 것 같고, 연락이 뜸해지면 스스로가 부족해진 것처럼 느낀다. 관계의 수가 곧 나의 사회적 가치인 것처럼 착각하기 때문이다. 하지만 관계는 많다고 해서 삶이 단단해지는 것은 아니다. 오히려 감당하지 못하는 관계는 삶을 조용히 흔든다.

관계가 많을수록 에너지는 분산된다. 누구에게는 잘 보여야 하고, 누구의 기분은 상하지 않게 살펴야 하며, 어디에든 빠지지 않고 얼굴을 비춰야 한다. 이런 부담이 쌓이면 관계는 위로가 아니라 관리 대상이 된다. 사람을 만난 뒤 오히려 더 지치는 이유가 여기에 있다.

관계를 줄인다는 말은 외로움을 선택하겠다는 뜻처럼 들리기도 한다. 하지만 실상은 다르다. 관계를 정리한다는 것은 모든 사람을 잃는 것이 아니라, 지금의 나에게 맞지 않는 연결을 내려놓는 일이다. 억지로 이어진 관계는 오래갈수록 불편함만 키운다.

관계가 줄어들면 처음에는 공백이 느껴진다. 연락이 줄고, 만남이 적어지면서 괜히 불안해질 수 있다. 하지만 이 공백은 곧 여백으로 바뀐다. 생각할 시간이 생기고, 스스로를 돌볼 여유가 생긴다. 이 여백이 있어야 삶은 다시 정리된다.

사람들은 종종 관세를 유지해야만 안전하다고 믿는다. 하지만 관계가 많아도 중심이 흔들리면 삶은 불안정하다. 반대로 몇 안 되는 관계라도 나를 있는 그대로 받아주는 사람이 있다면 삶은 훨씬 안정된다. 관계의 질은 수보다 훨씬 중요하다.

관계를 줄인다고 해서 인간관계에 실패한 것은 아니다. 오히려 자신의 한계를 인정한 결과다. 모든 사람과 잘 지낼 수는 없고, 모든 관계를 끝까지 끌고 갈 필요도 없다. 이 사실을 받아들이는 순간 관계는 부담이 아니라 선택이 된다.

삶을 가볍게 만들고 싶다면, 지금의 관계가 나를 살리고 있는지, 아니면 소모시키고 있는지 돌아봐야 한다. 줄여도 괜찮은 관계를 내려놓는다고 인생이 무너지지는 않는다. 오히려 그 선택 덕분에, 정말 지켜야 할 관계를 더 분명하게 붙잡을 수 있게 된다.

25장

꼭 잘 보여야 할 사람은 없다

우리는 알게 모르게 많은 사람 앞에서 자신을 단정히 정리하며 산다. 말투를 고르고, 표정을 관리하고, 실수하지 않기 위해 스스로를 다잡는다. 이런 태도는 사회생활에 어느 정도 필요하다. 문제는 그 범위가 점점 넓어질 때다. 꼭 잘 보이지 않아도 될 사람에게까지 신경을 쓰기 시작하면, 삶은 금세 피로해진다.

잘 보이려는 마음은 처음에는 관계를 원만하게 만든다. 갈등을 피하고, 무난한 이미지를 유지하게 해 준다. 하지만 이 마음이 습관이 되면 자신을 숨기는 방식으로 굳어진다. 하고 싶은 말은 삼키고, 불편한 감정은 웃음으로 덮는다. 이렇게 쌓인 감정은 사라지지 않고 안쪽에 머문다.

꼭 잘 보여야 한다는 생각은 스스로를 평가의 대상에 올려놓는다. 상대의 반응 하나하나에 의미를 부여하고, 사소한 무관심에도 마음이 흔들린다. 이때부터 관계는 편안함이 아니라 긴장이 된다. 만남이 즐거워야 할 시간에도 마음 한쪽은 계속 계산하고 있다.

사실 대부분의 사람들은 우리가 생각하는 것만큼 우리를 평가하지 않는다. 각자 자신의 일과 고민으로 바쁘기 때문이다. 그럼에도 우리는 마치 모든 시선이 나에게 집중되어 있는 것처럼 행동한다. 이 착각이 삶을 불필요하게 어렵게 만든다.

꼭 잘 보이지 않아도 되는 사람에게까지 에너지를 쓰다 보면, 정작 중요한 관계에 쓸 힘이 부족해진다. 나를 이해해 주는 사람, 나의 불완전함을 받아주는 사람에게는 오히려 여유가 없어지는 역설이 생긴다. 잘 보이려

 당신의 삶이 왜 쉬워야 한다고 생각하십니까

는 태도가 관계의 우선순위를 흐려버리는 것이다.

잘 보이려는 마음을 내려놓는다는 것은 무례해지겠다는 뜻이 아니다. 나를 과하게 꾸미지 않겠다는 선택이다. 있는 그대로의 나로도 괜찮다는 기준을 세우는 일이다. 이 기준이 생기면, 누구 앞에서 애써야 하고 누구 앞에서는 편해도 되는지가 분명해진다.

삶을 가볍게 만들고 싶다면, 오늘 하루만이라도 꼭 잘 보이려는 태도를 내려놓아야 한다. 모든 사람에게 호감을 살 필요는 없고, 모든 관계에서 좋은 사람일 필요도 없다. 꼭 잘 보여야 할 사람은 없다. 그 사실을 받아들이는 순간, 삶은 한결 숨쉬기 쉬워진다.

26장

지나간 선택을 붙잡지 마라

사람은 누구나 지나간 선택을 돌아본다. 그때 그렇게 하지 않았더라면, 다른 길을 선택했더라면 지금은 달라졌을 것 같다는 생각이 머릿속을 맴돈다. 이런 생각은 잠시 성찰이 될 수 있지만, 오래 머무르면 삶을 멈추게 만든다. 지나간 선택은 되돌릴 수 없는데도, 마음은 계속 그 자리에 머물러 있기 때문이다.

지나간 선택을 붙잡는 사람들의 공통점은 결과만을 기준으로 자신을 평가한다는 점이다. 선택 당시의 조건과 한계는 지워지고, 지금의 결과만 남는다. 하지만 과거의 나는 지금의 내가 아니다. 그때의 정보, 상황, 감정 속에서 내릴 수 있는 최선의 선택이었을 가능성도 충분하다.

후회는 선택이 틀렸다는 증거가 아니라, 지금의 내가 성장했다는 신호일 수 있다. 예전보다 더 많은 것을 보고, 더 넓은 시야를 갖게 되었기 때문에 다른 선택이 떠오르는 것이다. 그럼에도 사람들은 이 신호를 자기 비난으로 바꾼다. 이때 삶은 과거와의 싸움이 된다.

지나간 선택을 계속 붙잡고 있으면 현재의 선택도 흐려진다. 또 후회하게 될까 봐 움직이지 못하고, 결정을 미룬다. 이렇게 되면 삶은 점점 더 좁아진다. 과거를 붙잡느라 현재를 놓치는 것이다.

선택을 내려놓는다는 것은 책임을 회피하는 일이 아니다. 이미 끝난 선택을 인정하고, 지금의 삶으로 시선을 옮기는 일이다. 선택의 결과를 받아들이되, 그 결과에 삶 전체를 묶어두지 않는 태도다. 이 태도가 있어야 다음 선택이 가능해진다.

삶을 가볍게 만들고 싶다면, 과거의 선택을 반복해서 되새기는 습관을 점검해야 한다. 그 선택이 지금의 나에게 어떤 교훈을 주었는지 정리했다면, 그 역할은 이미 끝났다. 더 이상 붙잡을 이유는 없다.

지나간 선택을 놓아줄수록 현재는 선명해진다. 지금 무엇을 할 수 있는지, 무엇을 바꿀 수 있는지가 보이기 시작한다. 인생은 뒤로 가는 싸움이 아니라, 앞으로 나아가는 선택의 연속이다. 이미 지나간 선택은 놓아두고, 지금의 삶을 살아야 할 이유는 충분하다.

27장

포기와 도망은 다르다

포기라는 말에는 유난히 부정적인 이미지가 따라다
닌다. 끝까지 버티지 못한 사람, 책임을 회피한 사람처
럼 보일까 봐 우리는 쉽게 포기하지 못한다. 대신 '조금
만 더'라는 말을 반복하며 스스로를 몰아붙인다. 하지만
모든 지속이 미덕은 아니디. 때로는 멈추는 선택이 삶을
지키는 선택이 된다.

포기와 도망의 차이는 방향에 있다. 도망은 문제를
외면한 채 그 자리에서 벗어나는 것이다. 반면 포기는
더 이상 의미가 없거나 감당을 넘어선 상황을 인식하고,

다른 선택으로 방향을 전환하는 일이다. 도망은 판단을 미루지만, 포기는 판단의 결과다.

많은 사람들이 포기를 두려워하는 이유는 실패로 낙인찍힐까 봐서다. 한 번 포기하면 끝이라는 생각, 다시는 기회가 없을 것 같다는 불안이 선택을 막는다. 하지만 인생은 단일한 경로가 아니다. 한 길에서 물러났다고 해서 모든 길이 사라지는 것은 아니다. 오히려 잘못된 길에서 오래 머무를수록 다른 가능성은 줄어든다.

포기가 필요한 순간은 분명히 존재한다. 계속할수록 나를 소진시키는 일, 방향이 분명히 어긋난 관계, 버텨도 달라질 가능성이 없는 구조 앞에서는 멈춤이 필요하다. 이때 포기를 도망으로 오해하면, 사람은 끝까지 자신을 희생하며 남아 있게 된다. 그 대가는 결국 마음과 몸의 붕괴로 돌아온다.

포기를 결정하는 데에는 기준이 필요하다. 지금 이 선택이 나를 성장시키는지, 아니면 소모시키는지, 시간이 지나면 회복 가능한지, 아니면 더 깊이 망가질 것인지를 스스로에게 물어야 한다. 감정이 아니라 구조를 보는 질문이다. 이 질문에 정직하게 답할 수 있을 때 포기는 책임 있는 선택이 된다.

포기를 선택한 뒤에도 흔들림은 온다. '조금만 더 버텼다면 어땠을까.'라는 생각이 고개를 든다. 하지만 이때 중요한 것은 결정을 되돌리는 것이 아니라, 결정을 지키는 태도다. 포기는 끝이 아니라 전환이다. 전환 이후의 삶을 어떻게 설계하느냐가 더 중요하다.

삶을 가볍게 만들고 싶다면, 포기를 두려움의 단어로만 남겨두지 말아야 한다. 도망치지 않기 위해 끝까지 붙잡는 삶이 아니라, 자신을 지키기 위해 내려놓을 줄 아는 삶이 필요하다. 포기와 도망은 다르다. 그 차이를 아는 순간, 삶은 더 이상 무모한 버티기가 아니라 선택의 연속이 된다.

28장

미련을 버려야 다음이 보인다

미련은 쉽게 떠나지 않는다. 이미 끝난 관계, 지나간 기회, 돌아갈 수 없는 시간에 마음이 붙잡힌다. 머리로는 끝났다는 걸 알면서도, 마음은 계속 가능성을 상상한다. '조금만 달랐더라면'이라는 가정이 현실을 대신한다. 하지만 미련은 과거를 붙잡는 감정이 아니라, 현재를 놓치게 만드는 감정이다.

미련이 생기는 이유는 단순하다. 아직 받아들이지 못했기 때문이다. 결과를 이해하지 못해서가 아니라, 감정이 정리되지 않았기 때문이다. 그래서 미련은 논리로 사라지지 않는다. 스스로를 설득해도, 더 나은 설명을 찾아도, 마음은 쉽게 움직이지 않는다. 미련은 인정받고 싶은 감정이기 때문이다.

미련을 품고 있으면 삶의 시야가 좁아진다. 새로운 선택이 눈앞에 있어도 과거와 비교하게 되고, 다음 단계로 나아가야 할 순간에도 뒤를 돌아본다. 이때 사람은 지금의 삶을 임시 상태처럼 대한다. 진짜 삶은 아직 오지 않았고, 언젠가 다시 돌아갈 수 있을 것처럼 행동한다. 그러는 동안 시간은 그대로 흘러간다.

미련은 결정을 흐리게 만든다. 완전히 떠나지 못한 마음은 완전히 시작하지도 못한다. 관계든 일이든, 절반만 남겨둔 상태로는 새로운 에너지가 들어올 공간이 없다. 미련이 클수록 다음 선택은 더 조심스러워지고, 삶은 정체된다.

미련을 버린다는 것은 냉정해지는 일이 아니다. 지나간 것에 의미를 부여하되, 그 의미가 현재를 지배하지 않게 하는 일이다. 있었던 일을 부정하지 않고, 감정을 억지로 지우지도 않으면서, 지금의 삶으로 중심을 옮기는 태도다. 이 태도가 있어야 다음이 보인다.

미련을 정리하는 데에는 시간이 필요하다. 하지만 그 시간을 과거에만 쓰면 안 된다. 지금의 일상을 채우고, 새로운 리듬을 만들고, 몸과 마음을 현재에 묶어두는 선택이 필요하다. 행동이 바뀌면 감정은 조금씩 따라온다. 감정이 먼저 정리되기를 기다리면, 삶은 멈춘 채로 남는다.

삶을 가볍게 만들고 싶다면, 미련을 끊어내려 애쓰기보다 자리를 옮겨야 한다. 과거가 차지하던 자리에 현재를 채워 넣는 것이다. 미련을 버려야 다음이 보이는 게 아니라, 다음을 향해 움직일 때 미련이 자연스럽게 옅어진다. 인생은 뒤를 돌아보며 완성되는 것이 아니라, 앞으로 걸어가며 만들어진다.

29장

욕심을 줄이면 숨이 트인다

욕심은 삶을 앞으로 밀어주는 힘처럼 보인다. 더 잘하고 싶고, 더 많이 갖고 싶고, 더 인정받고 싶다는 마음이 사람을 움직이게 한다. 실제로 적당한 욕심은 성장을 돕는다. 문제는 욕심의 양이 아니라 방향이다. 욕심이 삶을 끌고 가기 시작하면, 사람은 점점 숨이 막히는 상태로 살아가게 된다.

욕심이 커질수록 기준도 함께 올라간다. 예전에는 만족했던 수준이 이제는 부족하게 느껴지고, 하나를 이루면 곧바로 다음을 바라본다. 멈춰서서 숨 돌릴 시간은 사라지고, 성취는 곧바로 부담으로 바뀐다. 이렇게 욕심은 삶의 속도를 점점 가속시킨다.

욕심은 비교와 결합되기 쉽다. 다른 사람의 성과가 눈에 들어오기 시작하고, 나의 속도는 언제나 느리게 느껴진다. 이때 욕심은 방향을 잃는다. 내가 원하는 삶이 아니라, 뒤처지지 않기 위한 삶이 된다. 욕심이 불안과 손을 잡는 순간, 삶은 편안해질 수 없다.

욕심이 많아질수록 현재는 항상 부족하다. 지금의 나, 지금의 성과, 지금의 삶은 늘 미완성처럼 느껴진다. 아무리 애써도 만족이 없는 이유다. 욕심은 미래만을 보게 만들고, 현재를 평가절하한다. 이때 삶은 계속 다음을 기다리는 상태로 남는다.

욕심을 줄인다는 것은 목표를 버린다는 뜻이 아니다. 목표의 개수를 줄이고, 지금 감당할 수 있는 만큼만 욕심을 남기는 일이다. 모든 것을 동시에 가지려는 욕심은 결국 아무것도 제대로 누리지 못하게 만든다. 선택과 집중이 필요한 이유다.

 당신의 삶이 왜 쉬워야 한다고 생각하십니까

욕심을 내려놓으면 삶에 여백이 생긴다. 꼭 가져야 한다고 믿었던 것들 중 상당수는 사실 없어도 괜찮았다는 걸 알게 된다. 여백이 생기면 숨이 트이고, 판단은 더 또렷해진다. 삶을 조정할 수 있다는 감각도 함께 돌아온다.

삶을 가볍게 만들고 싶다면, 지금의 욕심이 나를 살리고 있는지 소모시키고 있는지 점검해야 한다. 욕심을 조금 내려놓는다고 해서 인생이 멈추지는 않는다. 오히려 숨을 고른 삶은 더 멀리 갈 수 있다. 욕심을 줄이는 순간, 삶은 다시 사람의 속도로 돌아온다.

30장

내려놓을수록 삶은 단단해진다

사람들은 내려놓는 일을 패배로 오해한다. 붙잡고 버티는 것이 강함이고, 끝까지 지켜내는 것이 성실함이라고 배워왔기 때문이다. 그래서 내려놓아야 할 순간에도 손에 힘을 더 준다. 하지만 삶은 힘을 주는 만큼 단단해지는 구조가 아니다. 오히려 불필요한 것을 내려놓을수록 중심은 또렷해진다.

내려놓지 못하는 사람들의 공통점은 모든 것을 지키려 한다는 데 있다. 관계도, 역할도, 기대도, 이미지도 동시에 붙잡으려 한다. 하지만 삶에는 동시에 감당할 수 있는 무게가 정해져 있다. 한계를 넘는 순간, 단단해지는 것이 아니라 부서지기 시작한다.

내려놓음은 포기가 아니라 선택이다. 무엇을 계속 쥘지, 무엇을 놓아줄지 정하는 일이다. 이 선택이 있어야 에너지가 흩어지지 않는다. 내려놓지 못하면 삶은 늘 과부하 상태에 놓이고, 판단은 흐려진다. 단단함은 많이 쥐는 데서 나오지 않는다.

특히 내려놓아야 할 것 중 하나는 '모든 걸 잘 해내야 한다는 생각'이다. 이 생각은 삶을 끊임없는 시험장으로 만든다. 실패는 용납되지 않고, 실수는 곧바로 자격 미달처럼 느껴진다. 이런 태도에서는 어떤 성취도 오래 남지 않는다. 내려놓아야 삶이 숨을 쉰다.

관계에서도 마찬가지다. 모든 사람과 좋은 관계를 유지하려는 욕심은 결국 누구와도 깊어지지 못하게 만든다. 내려놓을 관계를 정리해야 남길 관계가 선명해진다. 이것은 차가워지는 일이 아니라, 진짜 관계를 지키는 방식이다.

내려놓음이 주는 또 하나의 힘은 회복력이다. 짐이 적을수록 다시 일어나는 속도가 빨라진다. 무너질 때 덜 아프고, 다시 시작할 여력이 남는다. 이것이 단단함의 실체다. 흔들리지 않는 것이 아니라, 흔들려도 무너지지 않는 힘이다.

삶을 가볍게 만들고 싶다면, 더 쌓으려 하기보다 덜 쥐는 연습이 필요하다. 내려놓을수록 삶은 허약해지는 것이 아니라 정리된다. 정리된 삶은 단단하다. 불필요한 무게를 덜어낸 사람만이, 정말 중요한 것을 끝까지 지킬 수 있다.

애쓰지 않아도 무너지지 않는 삶

많은 사람들은

삶을 가볍게 산다고 말하면

무언가를 포기해야 한다고 생각합니다.

하지만 이 책이 말하는 가벼움은

도망도, 회피도 아닙니다.

버티지 않아도 되는 삶에 관한 이야기입니다.

이 4부에서는

더 이상 자신을 증명하지 않아도 되는 삶,

남과 다른 선택을 해도 괜찮은 기준,

지금의 나로 충분하다는 감각에 대해 다룹니다.

이 장들에 담긴 메시지는 단순합니다.

삶은 끝없이 애쓰지 않아도

충분히 이어질 수 있다는 사실입니다.

우리는 이미 충분히 노력해 왔습니다.

이제는 더 단단해지기보다

조금 편안해져도 괜찮습니다.

이 4부는

삶의 문제를 해결하려 하기보다

삶을 대하는 태도를 정리하는 이야기입니다.

마지막 장을 덮을 때쯤

당신의 삶이 완전히 달라지지 않아도 괜찮습니다.

다만 스스로에게 건네는 말 한마디쯤은

조금 부드러워져 있기를 바랍니다.

이제,

삶은 쉬워도 된다는 이야기를

끝까지 이어가 보겠습니다.

4부

삶을
가볍게 만드는
실천

31장

하루를 단순하게 설계하라

하루가 버겁게 느껴질 때가 있다. 특별히 큰 일이 있는 것도 아닌데, 해야 할 일은 끝이 없고 마음은 늘 바쁘다. 이런 날이 반복되면 사람은 삶 자체가 복잡해졌다고 느낀다. 하지만 대부분의 경우 문제는 삶이 아니라 하루의 구조에 있다. 하루가 복잡하면, 삶도 복잡해진다.

많은 사람들이 하루를 즉흥적으로 산다. 눈앞에 보이는 일부터 처리하고, 연락이 오면 반응하고, 기분에 따라 움직인다. 이렇게 살면 하루는 늘 바쁘지만, 끝나고 나면 남는 것이 없다. 바빴다는 기억만 남고, 무엇을 했는지는 흐릿해진다. 하루를 설계하지 않으면 하루는 늘 끌려다닌다.

하루를 단순하게 설계한다는 것은 해야 할 일을 줄이라는 뜻이 아니다. 핵심을 먼저 정하라는 의미다. 오늘 반드시 해야 할 한두 가지만 분명히 정해두는 것만으로도 하루의 방향은 달라진다. 나머지 일들은 부차적인 것이 되고, 하루는 통제 가능한 범위 안으로 들어온다.

단순한 하루에는 리듬이 있다. 언제 집중하고, 언제 쉬며, 언제 멈출지 미리 정해두는 것이다. 이 리듬이 없으면 사람은 계속 긴장 상태로 하루를 보낸다. 쉬는 시간에도 마음은 쉬지 못하고, 일하는 시간에도 집중이 흐트러진다. 리듬은 하루의 에너지를 지켜주는 최소한의 장치다.

하루를 복잡하게 만드는 가장 큰 요인은 과도한 선택이다. 아침부터 무엇을 할지, 어떻게 할지, 어디까지 할지 계속 결정해야 한다면 에너지가 빠르게 소모된다. 단순한 설계는 선택을 줄인다. 반복 가능한 루틴을 만들고, 매번 고민하지 않아도 되게 하는 것이다. 이렇게 아 낀 에너지는 정말 중요한 일에 쓸 수 있다.

하루를 단순하게 설계하면 감정도 덜 흔들린다. 기 준이 분명하기 때문에, 예상치 못한 일이 생겨도 크게 흔 들리지 않는다. 이미 하루의 중심이 정해져 있기 때문이 다. 하루가 무너졌다고 느껴질 때도, 다시 돌아갈 기준 점이 있다.

삶을 가볍게 만들고 싶다면, 인생을 바꾸려 애쓰기 보다 하루를 정리해야 한다. 복잡한 하루는 복잡한 삶을 만들고, 단순한 하루는 단단한 삶을 만든다. 오늘 하루 를 이떻게 설계할지 정하는 일은 사소해 보이지만, 그 선 택이 쌓여 삶의 무게를 바꾼다.

32장

해야 할 일보다 하지 않을 일을 정하라

사람들은 보통 하루를 시작하며 무엇을 해야 할지부터 생각한다. 할 일 목록을 늘리고, 빠뜨린 것이 없는지 확인한다. 이렇게 하루를 채우다 보면 어느새 일정은 가득 차고, 마음은 숨 돌릴 틈이 없어진다. 문제는 해야 할 일을 아무리 잘 해내도 삶이 가벼워지지 않는다는 데 있다.

삶을 무겁게 만드는 것은 일이 많아서가 아니라, 하지 않아도 될 일까지 붙잡고 있기 때문이다. 꼭 지금 답하지 않아도 되는 연락, 굳이 참여하지 않아도 되는 자리, 완벽하지 않아도 되는 결과까지 모두 끌어안는다. 이렇게 불필요한 일들이 하루를 잠식한다.

하지 않을 일을 정하는 것은 게으름이 아니다. 우선 순위를 분명히 하는 일이다. 모든 일에 반응하지 않겠다고 결정하는 순간, 삶에는 여백이 생긴다. 이 여백이 있어야 집중도 가능해지고, 회복도 이루어진다. 여백 없는 성실함은 오래가지 못한다.

하지 않을 일을 정하지 않으면, 타인의 요구가 하루를 설계한다. 연락이 오면 반응하고, 부탁이 있으면 들어주고, 기대가 보이면 맞추려 한다. 이렇게 살다 보면 하루의 주인은 내가 아니라 주변이 된다. 삶이 피곤해지는 이유다.

하지 않을 일의 목록에는 감정도 포함된다. 지나치게 곱씹지 않기, 불필요한 비교하지 않기, 이미 끝난 일을 반복해서 자책하지 않기. 이런 감정적 선택도 삶의 에너지를 크게 소모시킨다. 감정 역시 관리의 대상이다.

처음에는 하지 않을 일을 정하는 것이 불안할 수 있

다. 놓치면 안 될 것 같고, 무책임해 보일까 걱정된다. 하지만 대부분의 일은 우리가 생각하는 만큼 중요하지 않다. 중요한 것은 늘 소수다. 그 소수를 지키기 위해 나머지를 내려놓는 용기가 필요하다.

삶을 가볍게 만들고 싶다면, 오늘 하루 하지 않을 일을 세 가지 정도만 정해보자. 그 결정만으로도 하루의 밀도는 달라진다. 해야 할 일을 늘리는 삶보다, 하지 않을 일을 분명히 하는 삶이 훨씬 오래간다.

33장

생각을 멈추는 연습이 필요하다

생각은 문제를 해결해 주는 도구지만, 때로는 문제 그 자체가 된다. 우리는 온종일 머릿속에서 끊임없이 내회를 이어간다. 이미 지나간 일을 되새기고, 아직 오지 않은 일을 미리 걱정한다. 이렇게 쉼 없이 이어지는 생각은 마음을 쉬지 못하게 만든다.

생각이 많아질수록 삶은 무거워진다. 생각이 많다는 것은 대부분 같은 생각을 반복하고 있다는 뜻이다. 이미 결론이 나 있는 문제를 다시 꺼내고, 바꿀 수 없는 상황을 계속 상상한다. 이 반복은 해결로 이어지지 않고, 피로만 쌓는다.

생각을 멈춘다는 말은 아무 생각도 하지 말라는 뜻이 아니다. 생각에 끌려가지 않겠다는 선택에 가깝다. 머릿속에 떠오른 생각을 사실처럼 믿지 않고, 한 걸음 떨어져 바라보는 연습이다. 이 거리가 생기면 생각은 힘을 잃는다.

생각이 멈추지 않는 이유 중 하나는 통제 욕구다. 모든 상황을 이해하고, 예측하고, 대비하고 싶어 한다. 하지만 삶은 완전히 통제할 수 있는 영역이 아니다. 통제할 수 없는 것을 붙잡고 있을수록 생각은 더 과열된다.

생각을 멈추는 가장 현실적인 방법은 몸을 움직이는 것이다. 산책을 하거나, 호흡에 집중하거나, 손을 쓰는 일을 하는 것만으로도 생각은 잠시 멈춘다. 생각은 머리에서 시작되지만, 멈추는 것은 몸에서 시작된다.

생각을 줄이면 감정도 함께 가라앉는다. 불안, 후회, 분노 같은 감정은 대부분 생각의 연료를 먹고 자란다. 생각이 줄어들면 감정도 과열되지 않는다. 이 단순한 원

 당신의 삶이 왜 쉬워야 한다고 생각하십니까

리를 알면, 마음을 다루는 일이 조금 쉬워진다.

삶을 가볍게 만들고 싶다면, 생각을 더 잘하려 애쓰기보다 덜 생각하는 시간을 늘려야 한다. 모든 문제를 머리로 해결할 필요는 없다. 때로는 멈추는 것이 가장 현명한 선택이다. 생각을 멈추는 연습은 삶을 포기하는 것이 아니라, 삶을 회복하는 기술이다.

34장

작은 루틴이 삶을 지탱한다

삶이 흔들릴 때 사람들은 큰 변화를 떠올린다. 환경을 바꾸거나, 결심을 새로 하거나, 완전히 다른 선택을 해야 한다고 생각한다. 하지만 실제로 삶을 지탱하는 힘은 눈에 띄지 않는 작은 반복에서 나온다. 큰 변화보다 작은 루틴이 오래간다.

루틴은 단조롭게 느껴질 수 있다. 매일 비슷한 시간에 일어나고, 같은 순서로 하루를 시작하는 일이 지루해 보이기도 한다. 하지만 루틴의 진짜 역할은 안정이다. 무엇을 해야 할지 고민하지 않아도 되는 구조는 마음의 에너지를 아껴준다. 불안할수록 구조는 더 필요하다.

작은 루틴은 삶의 중심을 만든다. 하루가 어디서 시작되고, 어디서 끝나는지가 분명해지면 그 사이의 흔들림은 줄어든다. 아무것도 확실하지 않은 날에도 루틴은 나를 원래 자리로 데려온다. 이 반복이 쌓이면 삶은 쉽게 무너지지 않는다.

루틴이 중요한 이유는 의지에 기대지 않기 때문이다. 의지는 변덕스럽고 쉽게 고갈된다. 반면 루틴은 생각하지 않아도 움직이게 한다. 기분이 좋을 때도, 나쁠 때도 같은 행동을 하게 만들기 때문에 삶의 일관성을 지켜준다.

작은 루틴일수록 지속 가능하다. 거창한 계획은 며칠 만에 무너지기 쉽지만, 짧은 산책, 간단한 정리, 하루를 돌아보는 몇 분의 기록은 부담이 적다. 이 사소한 행동들이 쌓여 삶의 균형을 만든다.

루틴은 완벽할 필요가 없다. 빠뜨리는 날이 있어도 괜찮다. 중요한 것은 다시 돌아오는 것이다. 하루를 놓

첬다고 해서 모든 루틴이 무너진 것은 아니다. 다음 날 다시 시작하면 된다. 이 유연함이 루틴을 오래 유지하게 만든다.

삶을 가볍게 만들고 싶다면, 지금의 삶을 떠받치고 있는 작은 루틴을 점검해 보자. 없다면 하나만 만들어도 충분하다. 작은 루틴은 삶을 극적으로 바꾸지는 않지만, 무너지지 않게 붙잡아 준다. 그리고 그 힘은 생각보다 오래간다.

35장

감정은 다스리는 것이 아니라
흘려보내는 것

우리는 감정을 통제해야 한다고 배워왔다. 화를 참아야 하고, 슬픔을 이겨내야 하며, 불안을 없애야 한다고 믿는다. 그래서 감정이 올라오면 곧바로 억누르거나 논리로 설득하려 한다. 하지만 감정은 명령으로 사라지지 않는다. 오히려 붙잡을수록 더 강해진다.

감정을 다스리려는 시도는 종종 감정과의 싸움이 된다. 화를 내지 않겠다고 다짐할수록 화는 더 또렷해지고, 불안하지 않으려 할수록 불안은 더 커진다. 감정은 밀어낼수록 반발한다. 이 싸움에서 이기기란 쉽지 않다.

감정을 흘려보낸다는 것은 방치와 다르다. 무시하는 것도, 참는 것도 아니다. 감정이 생겼다는 사실을 인정하되, 그 감정에 판단과 행동의 전권을 주지 않는 태도다. 지금 화가 났다는 것을 알아차리되, 그 화로 모든 결정을 하지 않겠다는 선택이다.

감정은 파도와 비슷하다. 올라올 때가 있으면 내려갈 때도 있다. 하지만 우리는 파도가 최고조에 있을 때만 자신을 판단한다. 이 상태가 영원할 것처럼 느끼기 때문이다. 감정을 흘려보내는 사람은 파도의 흐름을 믿는다. 잠시 기다리면 내려간다는 사실을 알기 때문이다.

감정을 흘려보내는 데 가장 필요한 것은 시간과 공간이다. 즉각 반응하지 않고 한 박자 멈추는 것, 그 감정을 설명하려 들기보다 몸을 움직이거나 숨을 고르는 것만으로도 감정은 힘을 잃는다. 감정은 관심을 먹고 자란다. 거리를 두면 자연스럽게 잦아든다.

우리는 종종 감정 때문에 삶이 망가진다고 생각한다. 하지만 실제로는 감정 자체보다 감정에 끌려간 행동이 문제를 만든다. 감정을 흘려보내면 행동은 선택의 영역으로 돌아온다. 이때 비로소 삶은 다시 정돈된다.

삶을 가볍게 만들고 싶다면, 감정을 없애려 애쓰지 말아야 한다. 감정은 나쁜 것이 아니라 지나가는 것이다. 다스리려 하기보다 흘려보내는 연습이 필요하다. 감정은 머물지 않는다. 흘러가게 두는 순간, 삶은 다시 제자리를 찾는다.

36장

나만의 속도를 인정하라

사람들은 저마다 다른 속도로 살아간다. 같은 나이, 같은 시기, 같은 출발선에 서 있었다고 해도 걸어가는 속도는 다르다. 누군가는 빠르게 앞서가고, 누군가는 천천히 방향을 조정한다. 문제는 이 차이를 받아들이지 못할 때 생긴다. 남의 속도를 기준으로 삼는 순간, 삶은 곧바로 불안해진다.

속도에 대한 불안은 비교에서 시작된다. 누군가는 이미 이만큼 왔는데 나는 아직 여기라는 생각, 나만 뒤처진 것 같다는 감각이 마음을 조급하게 만든다. 이 조급함은 삶을 밀어붙인다. 충분히 이해하지 못한 선택을 서두르고, 회복되지 않은 상태에서 다시 달리게 만든다. 이렇게 얻은 속도는 오래가지 못한다.

나만의 속도를 인정하지 못하면 삶은 늘 과부하 상태에 놓인다. 쉬어야 할 때 쉬지 못하고, 멈춰야 할 때도 계속 움직인다. 겉으로는 성실해 보일 수 있지만, 안에서는 점점 균열이 생긴다. 속도를 무시한 삶은 결국 어느 지점에서 멈춰 설 수밖에 없다.

자신의 속도를 아는 사람은 조급해하지 않는다. 빠르지 않아도 괜찮다는 기준이 있기 때문이다. 이들은 남들보다 늦어 보일 수 있지만, 방향이 흔들리지 않는다. 자신의 리듬을 알고 있기 때문에 불필요한 비교에 에너지를 쓰지 않는다. 이 안정감이 삶을 오래가게 만든다.

속도를 인정한다는 것은 포기와 다르다. 더 이상 노력하지 않겠다는 뜻이 아니라, 무리한 속도를 강요하지 않겠다는 선택이다. 지금의 상태에서 감당할 수 있는 만큼만 움직이겠다는 선언이다. 이 선택이 있어야 회복도 가능해지고, 다음 단계로 나아갈 힘도 남는다.

사람마다 회복 속도도 다르다. 어떤 사람은 금방 털고 일어나고, 어떤 사람은 시간을 들여야 다시 움직일 수 있다. 이 차이를 약함으로 해석하면 삶은 잔인해진다. 회복에 필요한 시간까지 존중할 때, 삶은 다시 균형을 찾는다.

삶을 가볍게 만들고 싶다면, 지금의 속도를 부끄러워하지 말아야 한다. 빠르지 않아도 괜찮고, 잠시 멈춰도 괜찮다. 중요한 것은 남들보다 빨리 가는 것이 아니라, 끝까지 갈 수 있는 속도를 유지하는 것이다. 나만의 속도를 인정하는 순간, 삶은 더 이상 경쟁이 아니라 지속 가능한 여정이 된다.

 당신의 삶이 왜 쉬워야 한다고 생각하십니까

37장

불안은 준비가 아니라 과잉 상상이다

불안한 사람들은 흔히 이렇게 말한다.

"미리 대비하는 거야."

혹시 모를 상황을 생각하고, 최악의 경우를 떠올리는 것이 준비라고 믿는다. 하지만 실제로 불안은 준비와 닮아 보일 뿐, 전혀 다른 방향으로 작동한다. 준비는 행동으로 이어지지만, 불안은 상상에서 멈춘다.

불안의 특징은 아직 일어나지 않은 일을 이미 겪은 것처럼 느끼게 만든다는 데 있다. 머릿속에서는 실패가 확정되고, 관계는 이미 무너졌으며, 미래는 어둡게 그려진다. 이 상상은 매우 구체적이어서 감정까지 함께 끌어온다. 몸은 이미 위기에 반응하고 있지만, 현실에서는 아무 일도 일어나지 않았다.

불안이 커질수록 시야는 좁아진다. 가능성은 사라지고 위험만 남는다. 여러 선택지가 있었던 상황도 불안 속에서는 하나의 길처럼 보인다. '이렇게 되면 끝이다.'라는 극단적인 생각이 판단을 지배한다. 이 상태에서는 어떤 결정도 가볍게 느껴질 수 없다.

사람들이 불안을 놓지 못하는 이유는 통제감 때문이다. 불안해하면 무언가를 하고 있다는 느낌이 든다. 아무것도 하지 않고 기다리는 것보다, 최악을 상상하는 편이 마음이 편한 것이다. 하지만 이 통제감은 착각이다. 상상은 현실을 바꾸지 못하고, 에너지만 소모시킨다.

불안과 준비의 차이는 명확하다. 준비는 지금 할 수 있는 행동을 찾는다. 계획을 세우고, 필요한 것을 점검하고, 가능한 범위 안에서 움직인다. 반면 불안은 행동을 미룬 채 머릿속에서만 상황을 키운다. 생각은 많아지지만, 실제 변화는 없다.

불안을 줄이는 가장 효과적인 방법은 질문을 바꾸는 것이다. '이 일이 잘못되면 어떻게 하지?'가 아니라 '지금 내가 할 수 있는 한 가지는 무엇인가?'라고 묻는 것이다. 이 질문은 상상을 행동으로 옮긴다. 작은 행동 하나가 불안의 크기를 줄인다.

삶을 가볍게 만들고 싶다면, 불안을 준비로 착각하지 말아야 한다. 불안은 나를 보호하지 않는다. 오히려 지금의 삶을 앞당겨 소모시킨다. 아직 오지 않은 일을 미리 살아낼 필요는 없다. 상상 대신 행동을 선택하는 순간, 불안은 생각보다 빠르게 힘을 잃는다.

38장

오늘을 망치는 생각 패턴 끊기

하루가 유난히 무거워지는 날이 있다. 큰 일이 생긴 것도 아닌데, 마음이 계속 가라앉고 사소한 일에도 기운이 빠진다. 이런 날을 자세히 들여다보면, 사건보다 생각이 하루를 망치고 있는 경우가 많다. 특정한 생각 패턴이 반복되며 하루 전체의 분위기를 끌어내리는 것이다.

오늘을 망치는 대표적인 생각 패턴은 확대 해석이다. 작은 실수를 하루 전체의 실패로 키우는 방식이다. 메일 하나를 잘못 보냈다고 해서 '역시 나는 늘 이렇다'.는 결론으로 이어진다. 이때 문제는 실수가 아니라, 실수를 나 자신에 대한 평가로 바꿔버리는 사고방식이다.

또 하나는 단정 짓기다. 아직 결과가 나오지 않았는데도 이미 끝난 것처럼 생각한다. 답장이 늦으면 관계가 틀어진 것 같고, 반응이 없으면 실패가 확정된 것처럼 느낀다. 이 단정은 확인되지 않은 상상을 사실처럼 믿게 만든다.

비교 역시 하루를 망치는 강력한 패턴이다. 오늘의 나를 다른 사람의 가장 잘 나온 순간과 비교한다. 이 비교는 언제나 불리한 싸움이다. 비교를 시작하는 순간, 지금의 하루는 의미를 잃는다.

이런 생각 패턴의 공통점은 자동이라는 데 있다. 의식하지 않아도 튀어나오고, 멈추지 않으면 끝까지 간다. 그래서 생각을 없애려 하기보다, 패턴을 알아차리는 것이 중요하다. '아, 지금 내가 확대 해석을 하고 있구나.'라고 인식하는 것만으로도 생각은 힘을 잃는다.

생각 패턴을 끊는 가장 현실적인 방법은 행동을 바꾸는 것이다. 머릿속에서 반박하려 들기보다, 자리를 옮기고 몸을 움직이고 작은 일을 하나 끝내는 것이 낫다. 생각은 행동을 따라온다. 행동이 바뀌면 생각도 자연스럽게 흐름을 바꾼다.

삶을 가볍게 만들고 싶다면, 오늘 하루를 망치는 생각 패턴 하나만이라도 끊어보자. 완벽하게 통제할 필요는 없다. 알아차리고, 잠시 멈추고, 다른 행동을 선택하는 것만으로도 충분하다. 하루는 생각보다 쉽게 회복된다. 생각의 방향만 조금 바꿀 수 있다면 말이다.

39장

삶에 여백을 남겨두는 기술

많은 사람들이 하루를 꽉 채워 살아야 안심한다. 일
정이 빽빽해야 성실한 것 같고, 빈 시간이 있으면 뒤처지
는 느낌이 든다. 그래서 가능한 한 많은 일을 계획하고,
틈이 생기면 무언가를 채운다. 하지만 이렇게 채워진 하
루는 생각보다 쉽게 무너진다. 여백이 없기 때문이다.

여백이 없는 삶은 작은 변수에도 흔들린다. 계획에
없던 일이 생기면 하루 전체가 엉킨 것처럼 느껴지고, 일
정 하나가 밀리면 모든 것이 실패처럼 느껴진다. 여백은
완충 장치다. 예상치 못한 상황을 흡수해 주는 공간이

없으면, 삶은 늘 과속 상태에 놓인다.

여백은 게으름과 다르다. 아무것도 하지 않는 시간이 아니라, 아무것도 하지 않아도 괜찮은 시간이다. 이 시간에는 결과를 내야 한다는 압박이 없고, 평가받을 필요도 없다. 이런 여백이 있어야 마음은 긴장을 풀고 회복할 수 있다.

삶에 여백을 남겨두는 사람들은 일정을 느슨하게 설계한다. 하루에 반드시 해야 할 일만 정해두고, 나머지는 상황에 맡긴다. 모든 시간을 생산적으로 쓰려 하지 않기 때문에, 오히려 중요한 순간에 집중할 힘이 남는다.

여백은 생각의 깊이를 만든다. 바쁠 때는 문제를 처리하는 데 급급하지만, 여백이 있을 때는 방향을 점검할 수 있다. 내가 지금 어디로 가고 있는지, 이 속도가 맞는지 돌아볼 수 있는 시간은 여백에서 나온다.

여백을 두려워하는 이유는 공백에 대한 불안 때문이다. 아무것도 하지 않는 시간이 쓸모없게 느껴지고,

나태해질까 봐 걱정된다. 하지만 여백은 멈춤이 아니라 준비다. 다음을 위한 공간이다.

삶을 가볍게 만들고 싶다면, 일정에 일부러 빈칸을 남겨두어야 한다. 그 빈칸이 삶을 느슨하게 만들지는 않는다. 오히려 그 여백 덕분에 삶은 더 탄력 있게 움직인다. 여백은 낭비가 아니라 기술이다. 삶을 오래 가져가기 위한 기술이다.

잘 쉬는 사람이 오래 버틴다

많은 사람들은 쉼을 보상처럼 여긴다. 일을 다 끝내야 쉴 수 있고, 충분히 노력한 뒤에야 쉬어도 된다고 생각한다. 그래서 쉬는 시간에도 마음이 편치 않다. 아무것도 하지 않으면 뒤처지는 것 같고, 쉬고 있다는 사실 자체에 죄책감을 느낀다. 하지만 이런 쉼은 회복이 아니라 잠깐의 정지에 가깝다.

잘 쉬는 사람과 그렇지 못한 사람의 차이는 휴식의 양이 아니라 질에 있다. 잘 쉬는 사람은 쉴 때 온전히 쉰다. 일을 붙잡은 채 몸만 멈추지 않고, 마음까지 함께 내려놓는다. 반면 쉬지 못하는 사람은 쉬는 동안에도 계속 생각하고, 계산하고, 스스로를 몰아붙인다. 이런 휴식은 오히려 피로를 남긴다.

잘 쉬는 사람들은 쉼을 계획한다. 일이 끝난 뒤 어쩔 수 없이 쉬는 것이 아니라, 쉬기 위해 일의 속도를 조절한다. 언제 집중하고 언제 멈출지 미리 정해두기 때문에 번아웃에 빠질 확률이 낮다. 쉼을 미루지 않는 태도가 삶을 오래가게 만든다.

쉼의 핵심은 회복이다. 회복은 잠을 자는 것만으로 이루어지지 않는다. 마음이 긴장에서 풀리고, 감정이 안정되고, 생각이 느슨해질 때 비로소 회복이 시작된다. 그래서 잘 쉬는 사람은 자신에게 맞는 방식의 쉼을 알고 있다. 조용한 산책일 수도 있고, 혼자 있는 시간일 수도 있으며, 가볍게 몸을 움직이는 활동일 수도 있다.

쉬지 못하는 사람들은 흔히 이렇게 말한다.

"지금은 쉴 때가 아니다."

하지만 삶에는 완벽한 휴식의 타이밍이 없다. 늘 할

일은 남아 있고, 다음 과제는 기다리고 있다. 쉬지 않으면 버틸 수 없다는 사실을 받아들이지 않는 한, 쉼은 계속 미뤄진다.

잘 쉬는 사람은 쉼을 사치로 여기지 않는다. 쉼은 성과를 방해하는 것이 아니라, 성과를 지속시키는 조건이라는 사실을 안다. 충분히 쉬지 않은 노력은 오래가지 못하고, 결국 더 큰 공백을 만든다. 쉼을 아끼는 태도는 오히려 삶을 불안정하게 만든다.

삶을 가볍게 만들고 싶다면, 더 강해지려 애쓰기보다 더 잘 쉬는 법을 배워야 한다. 잘 쉬는 사람은 빨리 가는 사람이 아니라, 끝까지 가는 사람이다. 쉼을 허락하는 순간, 삶은 버티기의 연속이 아니라 조율 가능한 여정으로 바뀐다.

 당신의 삶이 왜 쉬워야 한다고 생각하십니까

삶을 쉽게 두는 용기

우리는 오랫동안 삶을 붙잡고 살아왔습니다.

놓치지 않기 위해 애썼고,

무너지지 않기 위해 버텼습니다.

그 과정에서 삶은 점점 관리해야 할 대상이 되었고,

우리는 스스로를 쉬지 못하게 만들었습니다.

하지만 살아보니 삶은 끝까지 붙잡고 있어야만

이어지는 것이 아니었습니다.

오히려 어느 순간에는

힘을 풀어야 계속 갈 수 있었습니다.

이 5부에서는

삶을 더 고치려 하지 않는 태도에 대해 이야기합니다.

조용한 만족을 받아들이는 법,

남과 다른 선택을 두려워하지 않는 기준,

증명하지 않아도 되는 인생,

지금의 나로 충분하다는 감각을 다룹니다.

이 장들은

무언가를 더 하라고 말하지 않습니다.

대신 "이제는 괜찮다."라고 말해줍니다.

삶을 쉬게 둔다는 것은

아무것도 하지 않겠다는 뜻이 아닙니다.

삶이 스스로 회복할 수 있도록

조금 비켜서 주는 선택입니다.

이제,

너 나아지려 애쓰기보다

지금의 삶을 그대로 두는 연습을

천천히 해보려 합니다.

삶은 붙잡지 않아도

생각보다 잘 이어집니다.

5부

애쓰지 않아도
무너지지 않는
삶

41장

삶은 원래 불완전하다

사람들은 삶이 어느 순간 완성될 것이라고 기대한
다. 조건이 갖추어지고, 문제가 정리되고, 마음이 안정
되면 비로소 제대로 살 수 있을 것처럼 생각한다. 하지
만 그런 순간은 오지 않는다. 삶은 처음부터 끝까지 불
완전한 상태로 이어진다. 이 사실을 받아들이지 못할
때, 삶은 계속 미뤄진다.

불완전함을 견디지 못하는 사람들은 늘 다음 단계
를 기다린다. 지금은 임시 단계이고, 진짜 삶은 아직 시
작되지 않았다고 느낀다. 그래서 현재의 삶을 대충 견디

며 통과하려 한다. 하지만 이 태도는 삶 전체를 통과 구
간으로 만들어 버린다. 언제나 준비 중인 삶에는 만족이
없다.

불완전함은 실패의 증거가 아니다. 오히려 살아 있
다는 증거에 가깝다. 문제가 없고, 고민이 없고, 갈등이
없는 삶은 존재하지 않는다. 불완전함을 제거하려 할수
록 사람은 스스로를 끊임없이 고치려 든다. 이 과정에서
삶은 점점 피곤해진다.

삶이 불완전하다는 사실을 받아들이면 기준이 달라
진다. 완벽함을 목표로 삼지 않게 되고, 감당 가능한 상
태를 기준으로 삼게 된다. 지금 이 정도면 괜찮다는 감
각이 생기면, 삶은 훨씬 안정된다. 불완전한 상태에서도
살아갈 수 있다는 확신이 마음을 지켜준다.

불완전함을 받아들이는 사람들은 실수에 덜 흔들린
다. 실수는 예외가 아니라 일부라는 사실을 알기 때문이
다. 한 번의 실패가 삶 전체를 부정하지 못하게 된다. 이
태도가 회복력을 만든다.

사람들은 종종 불완전함을 핑계로 삼을까 봐 두려워한다. 불완전함을 인정하면 노력하지 않게 될 것 같고, 나태해질 것 같다고 생각한다. 하지만 불완전함을 인정하는 것과 포기하는 것은 전혀 다르다. 오히려 현실적인 기준을 가진 사람일수록 꾸준히 움직인다.

삶을 가볍게 만들고 싶다면, 불완전한 상태에서도 충분히 살아갈 수 있다는 사실을 받아들여야 한다. 모든 것이 정리된 뒤에 살겠다는 생각을 내려놓는 순간, 삶은 지금 여기에서 시작된다. 삶은 원래 불완전하다. 그 불완전함 속에서 살아가는 것이, 우리가 할 수 있는 가장 성숙한 선택이다.

42장

괜찮지 않아도 괜찮은 날들

우리는 늘 괜찮아야 한다는 압박 속에서 산다. 괜찮다고 말해야 어른스럽고, 괜찮아 보여야 잘살고 있는 것처럼 여겨진다. 그래서 마음이 무너진 날에도 애써 괜찮은 척을 한다. 아무 일 없는 얼굴로 하루를 버티고, 감정을 뒤로 미룬다. 하지만 이렇게 미뤄진 감정은 사라지지 않는다.

괜찮지 않은 날은 누구에게나 온다. 이유 없이 지치는 날, 아무것도 하기 싫은 날, 작은 말에도 마음이 상하는 날이 있다. 이런 날을 문제로 여기기 시작하면 삶은

더 힘들어진다. 오늘의 상태를 고쳐야 할 결함처럼 바라
보게 되기 때문이다.

괜찮지 않다는 감정은 실패의 신호가 아니다. 몸이
쉬어야 한다는 신호일 수도 있고, 마음이 잠시 멈추고 싶
다는 요청일 수도 있다. 이 신호를 무시하고 계속 괜찮
은 척을 하면, 회복은 더 늦어진다. 감정을 인정하지 않
는 태도는 결국 더 큰 무너짐으로 이어진다.

괜찮지 않은 날에는 기준을 낮춰야 한다. 평소처럼
해내지 못해도 괜찮고, 계획이 흐트러져도 괜찮다. 오늘
하루를 통과하는 것만으로도 충분한 날이 있다. 이런 날
까지 성과와 효율의 기준을 들이대면, 삶은 쉴 없이 자신
을 평가하는 장이 된다.

괜찮지 않은 날을 허락하는 사람은 회복이 빠르다.
억지로 끌어올리지 않고, 자연스럽게 바닥을 지나간다.
반면 괜찮아야 한다는 강박에 사로잡힌 사람은 감정을
눌러두느라 더 많은 에너지를 쓴다. 이 차이가 삶의 피
로도를 갈라놓는다.

사람들은 종종 괜찮지 않으면 뒤처진다고 생각한
다. 하지만 삶은 직선이 아니다. 올라가는 날도 있고, 내
려가는 날도 있다. 내려가는 날이 있다고 해서 방향이
잘못된 것은 아니다. 오히려 이 흐름을 받아들이는 사람
이 더 오래간다.

삶을 가볍게 만들고 싶다면, 괜찮지 않은 날을 삶의
일부로 받아들여야 한다. 늘 괜찮을 필요는 없다. 가끔
은 무너져도 되고, 멈춰도 된다. 괜찮지 않아도 괜찮다
는 사실을 인정하는 순간, 삶은 다시 숨을 고르기 시작
한다.

43장

버티지 않아도 되는 삶의 기준

많은 사람들은 삶이란 본래 버티는 것이라고 믿는다. 힘들어도 참고, 불편해도 견디고, 지쳐도 멈추지 않는 것이 어른의 자세라고 배워왔다. 그래서 삶이 힘들어질수록 스스로에게 말한다.

"이 정도는 나 버틴다."

하지만 문제는 이 말이 삶의 기준이 되어버릴 때다.

버티는 삶에는 명확한 종료 시점이 없다. 언제까지 버텨야 하는지 알 수 없고, 무엇이 달라지면 멈춰도 되는지도 모른다. 그래서 사람들은 점점 더 많은 것을 견디는 데 익숙해진다. 불합리한 상황, 소모적인 관계, 무리한 일정까지 모두 '버텨야 할 것'으로 분류한다. 이 과정에서 삶의 기준은 계속 낮아진다.

버티지 않아도 되는 삶의 기준이란, 더 좋은 삶을 고집하겠다는 선언이 아니다. 최소한 무너지지 않는 삶을 살겠다는 기준이다. 이 기준이 없으면 사람은 어디까지가 감당 가능한 선인지 알지 못한 채 계속 자신을 밀어붙인다. 그러다 어느 날, 더는 회복할 힘조차 남지 않은 상태로 멈춰 선다.

삶의 기준은 외부에서 주어지지 않는다. 내가 정해야 한다. 어떤 대우까지는 받아들일 수 있는지, 어떤 일정부터는 무리인지, 어떤 관계는 나를 갉아먹는지 스스로에게 솔직해져야 한다. 이 질문에 답하지 않으면, 삶은 언제나 '참을 수 있는 쪽'으로만 흘러간다.

버티지 않아도 되는 삶의 기준을 가진 사람은 결정을 미루지 않는다. 힘들다는 감정이 일정 수준을 넘으면, 구조를 바꾸려 한다. 일정 조정, 거리 두기, 역할 축소 같은 현실적인 선택을 한다. 이 선택들은 약해 보여도, 실제로는 삶을 지키는 가장 현실적인 방법이다.

많은 사람들이 이렇게 묻는다.

"그럼 다 내려놓고 살아야 하나요?"

그렇지 않다. 기준을 세운다는 것은 내려놓는 것이 아니라 선을 긋는 일이다. 이 선이 있어야 노력도 의미를 갖고, 책임도 지속 가능해진다. 기준 없는 성실함은 결국 자신을 소진시킨다.

삶을 가볍게 만들고 싶다면, 더 잘 버티는 사람이 되려고 애쓰지 말아야 한다. 대신 어디까지는 버티지 않아도 되는지 정해야 한다. 삶은 견디는 시험이 아니다. 기준을 세울수록 삶은 덜 버거워지고, 더 오래 이어진다. 버티지 않아도 되는 삶의 기준은, 스스로를 지키기 위한 가장 중요한 약속이다.

44장

자신에게 친절해지는 연습

사람들은 타인에게는 비교적 친절하면서도, 자신에게는 유난히 엄격하다. 실수했을 때 건네는 말, 실패했을 때의 태도, 지쳤을 때 스스로에게 요구하는 기준은 타인에게라면 하지 않을 말들로 가득하다. 이렇게 자신을 대하는 방식은 오랫동안 습관이 되어, 친절하지 않다는 사실조차 인식하지 못하게 만든다.

자신에게 친절하지 못한 사람들은 늘 채찍을 들고 산다. 더 잘했어야 했고, 그 정도로는 부족했고, 이쯤에서 쉬면 안 된다고 말한다. 이 채찍은 처음에는 성장을 자극하는 것처럼 보이지만, 시간이 지나면 자신을 몰아붙이는 무기가 된다. 채찍으로 움직이는 삶은 잠시 빠를 수는 있어도 오래 지속되기 어렵다.

자기 자신에게 친절해진다는 것은 변명을 늘어놓거나 스스로를 합리화하는 일이 아니다. 현실을 정확히 보되, 그 현실 앞에서 자신을 적으로 만들지 않는 태도다. 지금의 내가 할 수 있는 만큼을 인정하고, 한계를 솔직하게 받아들이는 일이다. 이 태도가 있어야 다음을 준비할 힘이 남는다.

자신에게 친절하지 못한 사람일수록 회복이 느리다. 넘어졌을 때 다시 일어나기보다, 왜 넘어졌는지를 따지느라 에너지를 소모한다. 스스로를 비난하는 데 쓰는 힘은 문제를 해결하는 데 쓰일 수 없다. 친절함은 약함이 아니라 효율이다. 자신을 적으로 돌리지 않을 때 회복은 빨라진다.

친절은 말에서 시작된다. 스스로에게 건네는 말이 달라지면 태도도 달라진다. "왜 이것밖에 못 했지." 대신

"오늘은 여기까지가 최선이었다."라고 말해주는 것, "또 실패했어." 대신 "이번에는 이렇게 배웠다."라고 정리하는 것만으로도 마음의 결은 크게 바뀐다. 말은 생각을 만들고, 생각은 행동을 만든다.

자신에게 친절해지는 연습은 하루아침에 완성되지 않는다. 오히려 어색하고 불편할 수 있다. 그동안 너무 오래 자신을 몰아붙여 왔기 때문이다. 하지만 이 어색함을 넘기면, 삶의 피로도는 눈에 띄게 달라진다. 스스로를 존중하는 태도는 삶의 기본 체력을 만든다.

삶을 가볍게 만들고 싶다면, 오늘 하루만이라도 자신에게 조금 더 친절해져야 한다. 완벽하지 않아도 괜찮고, 충분하지 않아도 괜찮다고 말해주는 연습이 필요하다. 자신에게 친절해질수록 삶은 느슨해지는 것이 아니라, 오히려 더 단단해진다. 스스로를 지켜주는 사람이 바로 자신일 때, 삶은 훨씬 안정적인 방향으로 흐른다.

45장

남과 다른 선택을 두려워하지 마라

사람들은 선택의 순간마다 남들과 비교한다. 이 선택이 너무 튀지는 않는지, 다들 가는 길에서 벗어난 것은 아닌지 살핀다. 남과 다른 선택은 용기가 필요한 일처럼 느껴지고, 때로는 무모함으로 오해받을까 걱정된다. 그래서 많은 사람들이 안전한 선택, 이미 검증된 선택을 택한다. 하지만 모두가 같은 방향으로 가는 길이 반드시 나에게 맞는 길은 아니다.

남과 다른 선택이 두려운 이유는 결과보다 시선 때문이다. 실패 자체보다 "그럴 줄 알았다."라는 말을 듣는 것이 더 무섭다. 이 두려움은 선택의 기준을 밖으로 밀어낸다. 내가 감당할 수 있는지보다, 남들이 어떻게 볼지를 먼저 생각하게 된다. 이때 선택은 나의 것이 아니라 타인의 기대에 맞춰진다.

남과 다른 선택을 한 사람들은 종종 설명을 요구받는다. 왜 그렇게 했는지, 왜 굳이 다른 길을 택했는지 질문이 이어진다. 이 질문들 앞에서 사람은 쉽게 흔들린다. 선택의 정당성을 증명해야 할 것처럼 느껴지기 때문이다. 하지만 모든 선택이 설명을 필요로 하는 것은 아니다. 설명은 설득을 위한 도구일 뿐, 선택의 자격증은 아니다.

남과 다른 선택은 늘 불확실성을 동반한다. 비교 대상이 없고, 참고할 사례도 적다. 그래서 불안이 커진다. 하지만 이 불안은 잘못된 선택의 신호가 아니라, 스스로 판단하고 있다는 증거다. 남의 길을 따라갈 때보다, 스스로 길을 고를 때 불안은 더 크게 느껴진다.

중요한 것은 선택의 방향이 아니라, 그 선택을 감당

할 수 있는지다. 남들과 다른 선택을 해도, 내가 책임질 수 있고 후회 없이 받아들일 수 있다면 그 선택은 충분히 의미가 있다. 반대로 모두가 하는 선택이라도, 나에게 맞지 않는다면 그 선택은 언젠가 짐이 된다.

남과 다른 선택을 한 사람들은 시간이 지나면 기준이 또렷해진다. 남의 시선에 덜 흔들리고, 자신의 삶을 자신의 언어로 설명할 수 있게 된다. 이 기준은 삶을 안정시킨다. 선택의 옳고 그름보다, 선택 이후의 태도가 삶을 결정한다는 사실을 알게 되기 때문이다.

삶을 가볍게 만들고 싶다면, 남과 다른 선택을 두려워하지 말아야 한다. 모든 선택이 성공으로 이어질 필요는 없다. 다만 그 선택이 나의 기준에서 출발했는지, 나의 삶을 향하고 있는지 스스로에게 묻는 것이 중요하다. 남과 다른 선택은 외로울 수 있지만, 그 길 끝에서 만나는 삶은 온전히 나의 것이 된다.

46장

인생은 증명하는 것이 아니다

많은 사람들은 삶을 증명하려 애쓰며 산다. 내가 틀리지 않았다는 것, 선택이 옳았다는 것, 부족한 사람이 아니라는 것을 보여주기 위해 끊임없이 결과를 내놓으려 한다. 성과로 말하고, 비교로 자신을 설명한다. 하지만 이렇게 살아갈수록 삶은 점점 무거워진다. 증명은 끝이 없기 때문이다.

증명하려는 삶의 출발점에는 불안이 있다. 인정받지 못할까 봐, 뒤처질까 봐, 가치 없는 사람으로 보일까 봐 두렵다. 이 두려움은 사람을 계속 앞으로 밀어붙인다. 잠시 멈추면 모든 것이 무너질 것 같은 느낌이 들고, 쉬는 순간에도 스스로를 의심하게 된다.

증명은 타인의 기준에서 시작된다. 남들이 인정하는 성과, 사회가 정한 성공의 모습에 나를 끼워 맞춘다. 이 기준을 충족시키면 잠시 안심하지만, 곧 더 높은 기준이 등장한다. 증명은 한 번으로 끝나지 않는다. 계속해서 갱신해야 하는 부담이 된다.

인생을 증명하려 들면 선택은 점점 방어적으로 변한다. 실패하지 않기 위해 안전한 길을 고르고, 비난받지 않기 위해 무난한 선택만 반복한다. 이렇게 살다 보면 삶은 안정되어 보일 수 있지만, 점점 생기를 잃는다. 증명에 집중할수록 진짜 원하는 삶은 뒤로 밀린다.

인생은 시험이 아니다. 합격과 불합격으로 나뉘는 무대도 아니다. 누구에게 점수를 받아야 할 필요도 없다. 삶은 살아내는 과정이지, 타인에게 제출하는 보고서가 아니다. 이 사실을 받아들이는 순간, 삶은 훨씬 단순해진다.

증명을 내려놓는다고 해서 노력을 포기하는 것은 아니다. 노력의 방향을 바꾸는 일이다. 남에게 보여주기 위한 노력이 아니라, 내가 감당할 수 있는 삶을 만들기 위한 노력으로 전환하는 것이다. 이 전환이 이루어질 때 삶은 덜 소모되고 더 안정된다.

삶을 가볍게 만들고 싶다면, 오늘 하루만이라도 스스로에게 물어봐야 한다. 나는 지금 무엇을 증명하려 하고 있는가. 그 증명이 정말 필요한가. 인생은 증명하는 것이 아니다. 살아가는 것이다. 그 사실을 받아들이는 순간, 삶은 경쟁이 아니라 여정으로 바뀐다.

47장

조용한 만족이 가장 오래간다

사람들은 흔히 큰 만족을 꿈꾼다. 눈에 띄는 성취, 모두가 알아주는 결과, 확실한 보상이 있어야 비로소 만족할 수 있을 것처럼 생각한다. 그래서 만족은 늘 미래로 미뤄진다. 이것만 이루면, 이 단계만 넘기면 괜찮아질 거라고 믿는다. 하지만 이런 만족은 오래 머물지 않는다.

큰 만족은 강렬하지만 짧다. 목표를 이루는 순간 잠깐의 기쁨은 있지만, 곧 다음 목표가 눈앞에 나타난다. 만족은 사라지고 다시 부족함이 남는다. 이 반복 속에서 사람은 점점 더 큰 자극을 원하게 된다. 만족의 기준이 높아질수록 삶은 점점 피곤해진다.

반대로 조용한 만족은 눈에 잘 띄지 않는다. 대단한 성과도, 화려한 인정도 없다. 다만 하루를 마치고 나서 '오늘은 이 정도면 괜찮다.'라고 말할 수 있는 감각이다. 이 감각은 외부의 반응에 크게 흔들리지 않는다. 그래서 오래간다.

조용한 만족을 아는 사람들은 비교를 덜 한다. 남의 성취가 자신의 만족을 빼앗아 가지 않도록 경계를 세워 두었기 때문이다. 이들은 자신의 기준이 분명하다. 무엇이 있으면 충분한지, 무엇까지는 욕심내지 않아도 되는지를 알고 있다. 이 기준이 마음을 안정시킨다.

조용한 만족은 삶의 속도를 늦춘다. 급하게 다음을 향해 달리지 않고, 지금의 상태를 음미할 여유를 만든다. 이 여유 속에서 삶은 덜 소모된다. 매 순간을 최대치로 끌어올리려 하지 않기 때문에, 에너지는 오래 유지된다.

사람들은 종종 조용한 만족을 안주로 오해한다. 더 이상 성장하지 않겠다는 선언처럼 느끼기도 한다. 하지만 조용한 만족은 멈춤이 아니다. 과도한 긴장을 내려놓고, 지속 가능한 방향으로 나아가겠다는 선택이다. 이 선택을 한 사람들은 오히려 더 멀리 간다.

삶을 가볍게 만들고 싶다면, 만족의 크기를 줄여야 한다. 대신 빈도를 늘려야 한다. 아주 사소한 하루, 무사히 지나간 한 장면, 스스로에게 부끄럽지 않았던 선택 하나에서 만족을 찾는 연습이 필요하다. 조용한 만족은 삶을 떠들썩하게 만들지는 않지만, 흔들리지 않게 만든다. 그리고 인생에서 가장 중요한 것은, 바로 그 지속성이다.

48장

삶을 단순하게 살 용기

삶을 단순하게 산다는 말은 종종 오해를 받는다. 욕심 없는 삶, 도전하지 않는 삶, 포기한 삶처럼 들리기도 한다. 하지만 단순함은 회피가 아니라 선택이다. 복잡함을 줄이겠다는 결심이며, 삶의 중심을 분명히 하겠다는 태도다. 단순한 삶은 의외로 많은 용기를 필요로 한다.

사람들이 삶을 복잡하게 만드는 가장 큰 이유는 놓치고 싶지 않기 때문이다. 기회도, 관계도, 가능성도 모두 붙잡고 싶어 한다. 하지만 모든 것을 붙잡으려는 태도는 결국 아무것도 제대로 품지 못하게 만든다. 선택하지 않겠다는 선택이 삶을 가장 복잡하게 만든다.

단순한 삶을 살기 위해서는 먼저 기준을 줄여야 한다. 더 잘살아야 한다는 기준, 남들만큼은 해야 한다는 기준, 실수 없이 살아야 한다는 기준을 하나씩 내려놓는 일이다. 기준이 많을수록 삶은 평가의 연속이 되고, 마음은 쉴 틈이 없다.

삶을 단순하게 사는 사람들은 결정이 빠르다. 모든 선택을 완벽하게 하려 하지 않기 때문이다. 충분히 괜찮은 선택이면 그걸로 받아들이고, 다음으로 넘어간다. 이 태도는 삶의 속도를 조절해 준다. 복잡한 고민에 발목 잡히지 않기 때문에 에너지가 오래 유지된다.

단순함은 관계에서도 필요하다. 모든 사람과 깊어질 필요는 없고, 모든 기대에 응답할 의무도 없다. 나에게 중요한 몇 가지 관계만 남기고 나머지는 자연스럽게 흘려보내는 용기. 이 용기가 있어야 관계는 부담이 아니라 지지가 된다.

단순한 삶을 두려워하는 이유는 불안 때문이다. 이

렇게 줄여도 괜찮을까, 나중에 후회하지 않을까 하는 생각이 발목을 잡는다. 하지만 단순함은 미래를 포기하는 것이 아니라, 현재를 선택하는 일이다. 지금의 나에게 맞는 삶을 살겠다는 선언이다.

삶을 가볍게 만들고 싶다면, 더 많은 것을 추가하려 하지 말아야 한다. 오히려 덜어내는 쪽으로 방향을 잡아야 한다. 단순하게 살 용기는 삶을 축소시키지 않는다. 삶의 핵심을 드러낸다. 그리고 그 핵심이 분명해질수록, 삶은 훨씬 단단하고 자유로워진다.

49장

지금의 나로 충분하다는 감각

사람들은 종종 '아직 부족하다.'라는 말로 자신을 정의한다. 조금만 더 잘하면, 조금만 더 갖추면, 조금만 더 나아지면 괜찮아질 거라고 믿는다. 이 말은 겸손처럼 들리지만, 오래 반복되면 자신을 끊임없이 유예하는 문장이 된다. 삶은 늘 준비 중이고, 나는 아직 시작할 자격이 없는 사람처럼 느껴진다.

지금의 나로 충분하다는 감각은 쉽게 생기지 않는다. 우리는 늘 비교 속에서 자라왔고, 더 나아져야 한다는 요구 속에서 살아왔다. 그래서 '충분하다.'라는 말이 자만처럼 느껴지기도 한다. 하지만 충분하다는 감각은 멈추겠다는 선언이 아니라, 지금 이 상태에서도 삶을 살 수 있겠다는 인정이다.

이 감각이 없는 삶은 늘 긴장 상태다. 무언가를 이루지 못하면 자신을 인정할 수 없고, 성과가 없으면 하루를 실패처럼 느낀다. 이런 상태에서는 쉼도 불안하고, 만족도 오래가지 않는다. 자신을 조건부로 받아들이기 때문이다.

지금의 나로 충분하다는 감각은 자기 합리화와 다르다. 현실을 왜곡하지 않고, 부족한 부분을 모른 척하지도 않는다. 다만 부족함이 존재해도 삶 전체를 부정하지 않겠다는 태도다. 부족함이 있다는 사실과, 내가 쓸모없는 사람이라는 결론은 전혀 다른 이야기다.

이 감각을 가진 사람은 실패에 덜 무너진다. 실패가 자신의 가치를 증명하는 시험이 아니기 때문이다. 결과가 좋지 않아도 '나는 여전히 괜찮은 사람'이라는 기준이 흔들리지 않는다. 이 안정감이 다시 시도할 힘을 만든다.

지금의 나로 충분하다는 감각은 외부에서 주어지지 않는다. 누군가의 칭찬이나 인정으로 잠시 느낄 수는 있지만, 오래 유지되지는 않는다. 이 감각은 스스로에게 허락해야 생긴다. 오늘의 나를 오늘의 기준으로 인정해 주는 연습이 필요하다.

삶을 가볍게 만들고 싶다면, 더 나은 내가 될 때까지 기다리지 말아야 한다. 지금의 나로도 충분히 살아갈 수 있다는 사실을 받아들여야 한다. 충분하다는 감각은 삶을 느슨하게 만들지 않는다. 오히려 삶을 지속 가능하게 만든다. 지금의 나로 충분하다고 느낄 수 있을 때, 삶은 더 이상 증명이나 경쟁이 아니라 살아가는 과정이 된다.

삶은 쉬워도 된다

우리는 삶이 쉬우면 안 된다고 배워왔다. 쉽게 가면 성장이 없고, 편하면 뒤처진다고 믿는다. 그래서 삶이 조금만 수월해져도 스스로에게 의심을 던진다. 이 정도로 괜찮아도 되나, 너무 안일해진 건 아닐까. 하지만 이 의심이 삶을 다시 무겁게 만든다.

삶이 어렵다고 해서 더 가치 있는 것은 아니다. 어려움은 종종 미화된다. 고생해야 의미가 있고, 버텨야 진짜인 것처럼 여겨진다. 하지만 고생은 결과를 보장하지 않는다. 오히려 불필요한 어려움은 삶의 에너지를 소모시키고, 중요한 선택을 흐리게 만든다.

삶이 쉬워진다는 것은 책임을 회피하겠다는 뜻이 아니다. 감당하지 않아도 될 무게를 내려놓겠다는 선택이다. 굳이 스스로를 시험대에 올려놓지 않겠다는 태도다. 이 태도를 가진 사람은 일을 대충 하지 않는다. 다만 자신을 소진시키지 않는 방식으로 해낸다.

삶을 어렵게 만드는 가장 큰 원인은 기준이다. 더 잘해야 한다는 기준, 남들만큼은 해야 한다는 기준, 늘 최선을 다해야 한다는 기준이 삶을 경직시킨다. 이 기준을 조금만 낮춰도 삶은 놀릴 만큼 부드러워진다. 충분히 괜찮은 수준을 받아들이는 용기가 필요하다.

삶이 쉬워질 때 사람은 비로소 주변을 본다. 여유가 생기고, 감정의 폭이 줄어들고, 판단이 또렷해진다. 쉬운 삶은 나태한 삶이 아니라, 회복 가능한 삶이다. 회복할 수 있어야 오래갈 수 있다.

많은 사람들이 묻는다.

"그럼 이렇게 살아도 괜찮을까요?"

그 질문 자체가 이미 너무 많은 짐을 지고 있다는 중 거다. 삶에는 정답이 없다. 다만 무너지지 않는 방식이 있을 뿐이다. 그 방식은 대개 쉬운 쪽에 가깝다.

삶을 가볍게 만들고 싶다면, 마지막으로 이 말을 스스로에게 허락해야 한다. 삶은 쉬워도 된다. 덜 애써도 되고, 덜 증명해도 되고, 덜 버텨도 된다. 쉬운 삶은 포기가 아니라 선택이다. 그리고 그 선택을 할 수 있을 때, 삶은 비로소 내 것이 된다.

 당신의 삶이 왜 쉬워야 한다고 생각하십니까

이제 조금 쉬워져도 괜찮습니다

이 책을 끝까지 읽었다면, 당신은 이미 충분히 애써온 사람입니다.

더 잘살기 위해, 무너지지 않기 위해, 스스로를 다잡으며 여기까지 왔습니다.

그 사실 하나만으로도, 당신은 이미 존중받아야 합니다.

삶은 언제나 더 잘하라고 말합니다.

조금만 더, 조금만 더 버티면 괜찮아질 거라고 속삭입니다.

하지만 우리는 이미 알고 있습니다.

그 '조금만 더'가 끝없이 이어진다는 사실을.

이 책은 당신에게 더 강해지라고 말하지 않았습니다.

더 열심히 살라고,

더 증명하라고 요구하지도 않았습니다.

대신 이렇게 말하고 싶었습니다.

"삶은 쉬워도 된다."

쉬워진다고 해서 가치가 사라지지 않습니다.

덜 애쓴다고 해서 당신이 부족해지는 것도 아닙니다.

오히려 삶이 조금 쉬워질 때,

우리는 더 오래 살아갈 수 있습니다.

모든 걸 책임지지 않아도 됩니다.

매일 괜찮을 필요도 없습니다.

지금의 당신으로도 충분합니다.

이 책이 당신의 삶을 바꾸지는 못할지도 모릅니다.

하지만 삶을 대하는 태도 하나쯤은

조금 가볍게 만들 수 있기를 바랍니다.

그래도 괜찮다.

나는 이미 충분하다.

최한결

당신의 삶이
왜 쉬워야 한다고 생각하십니까

버티지 않아도 삶은 이어진다

초판 1쇄 인쇄 │ 2026년 2월 2일
초판 1쇄 발행 │ 2026년 2월 6일

지은이 │ 최한결
펴낸이 │ 최근봉
펴낸곳 │ 도서출판 넥스윅
출판사 등록번호 │ 제395-2014-000069호
주소 │ 경기도 고양시 덕양구 화신로272번길 29, 609호 (화정동)
전화 │ 031-972-9207
팩스 │ 031-972-9208
이메일 │ cntpchoi@naver.com

ISBN │ 979-11-88389-68-1

값은 표지 뒷면에 표기되어 있습니다.
잘못된 책은 구입하신 서점에서 바꾸어 드립니다.